# THIS BOOK BELONGS TO

........................................................................

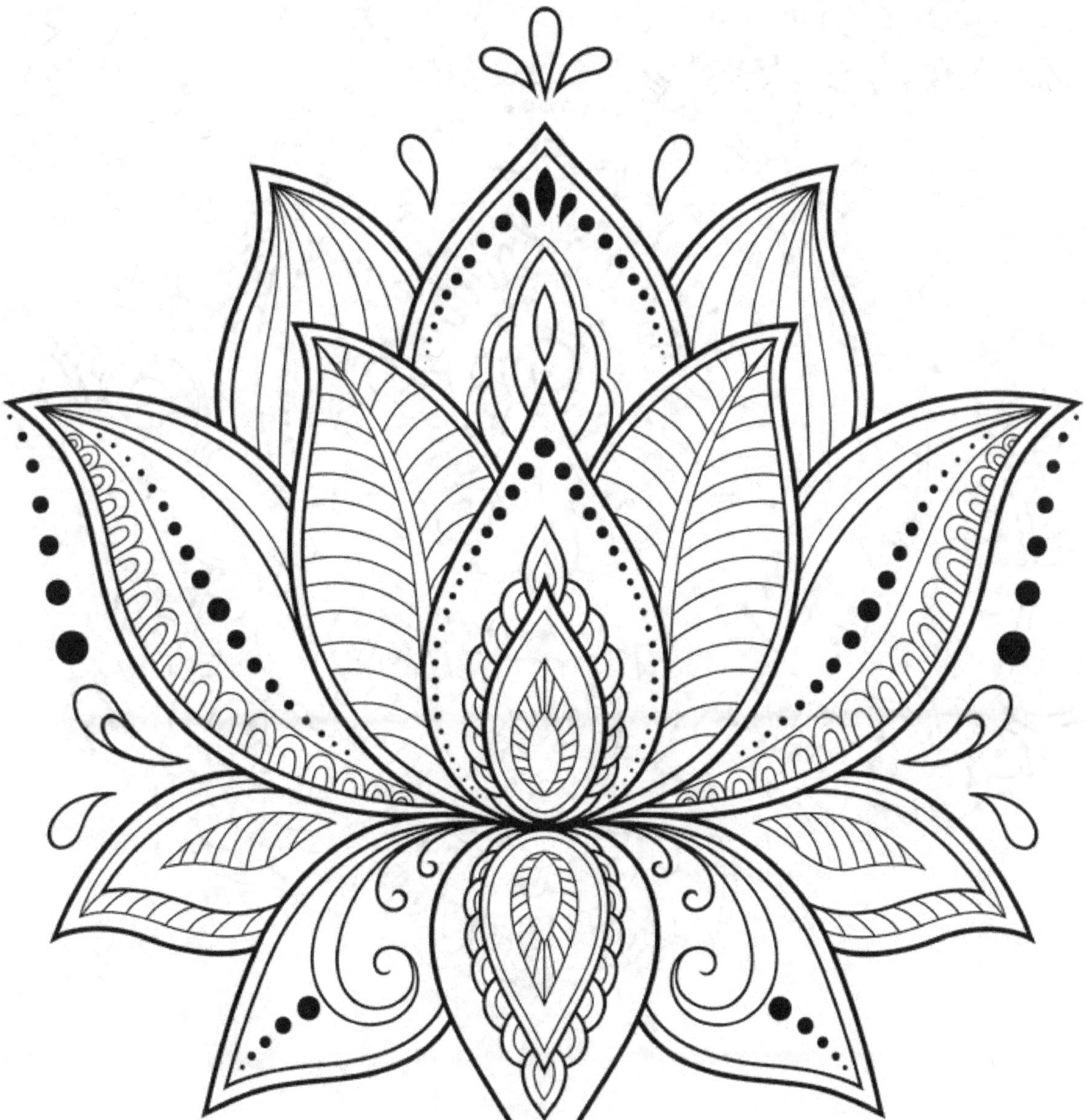

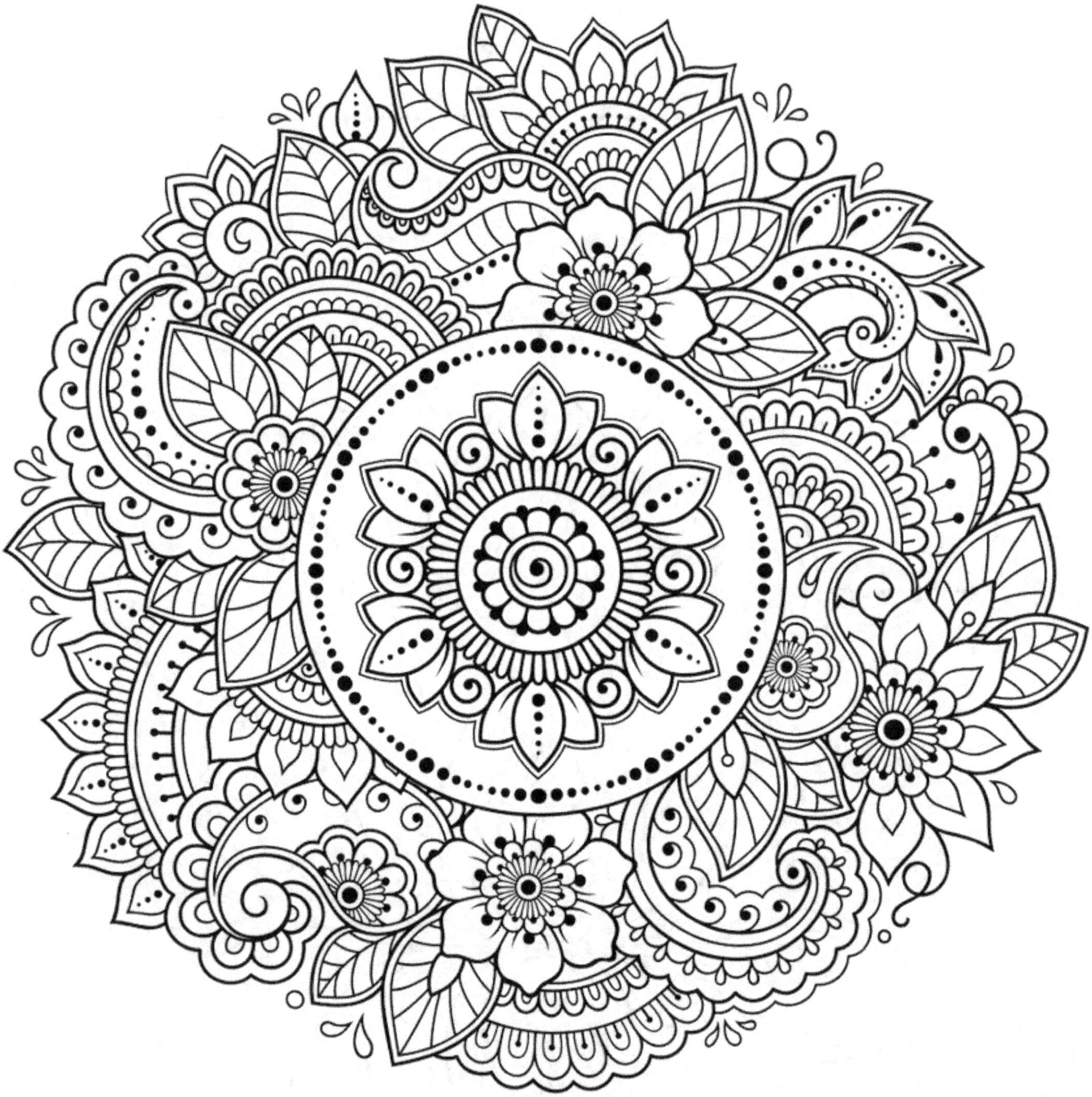

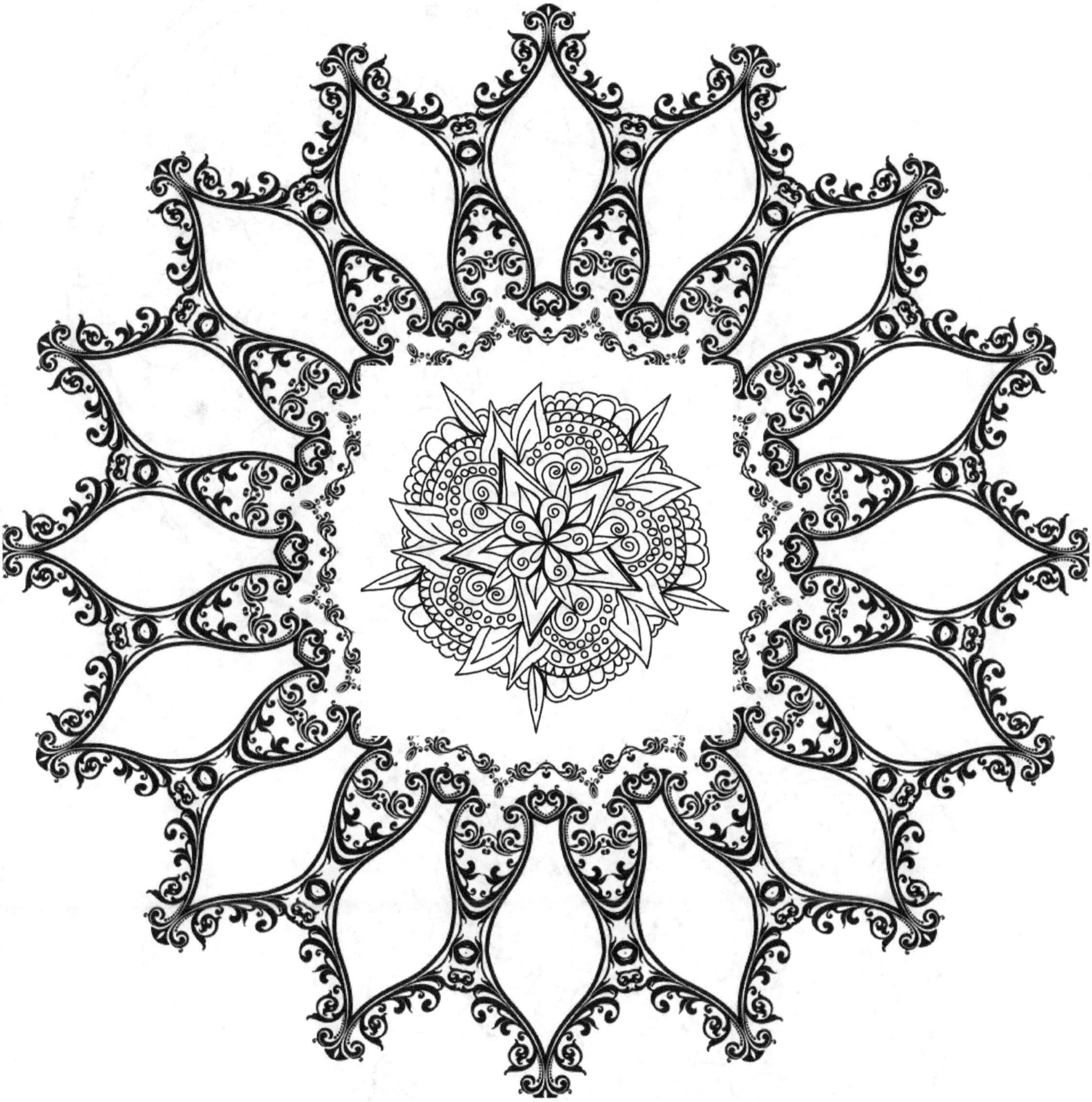

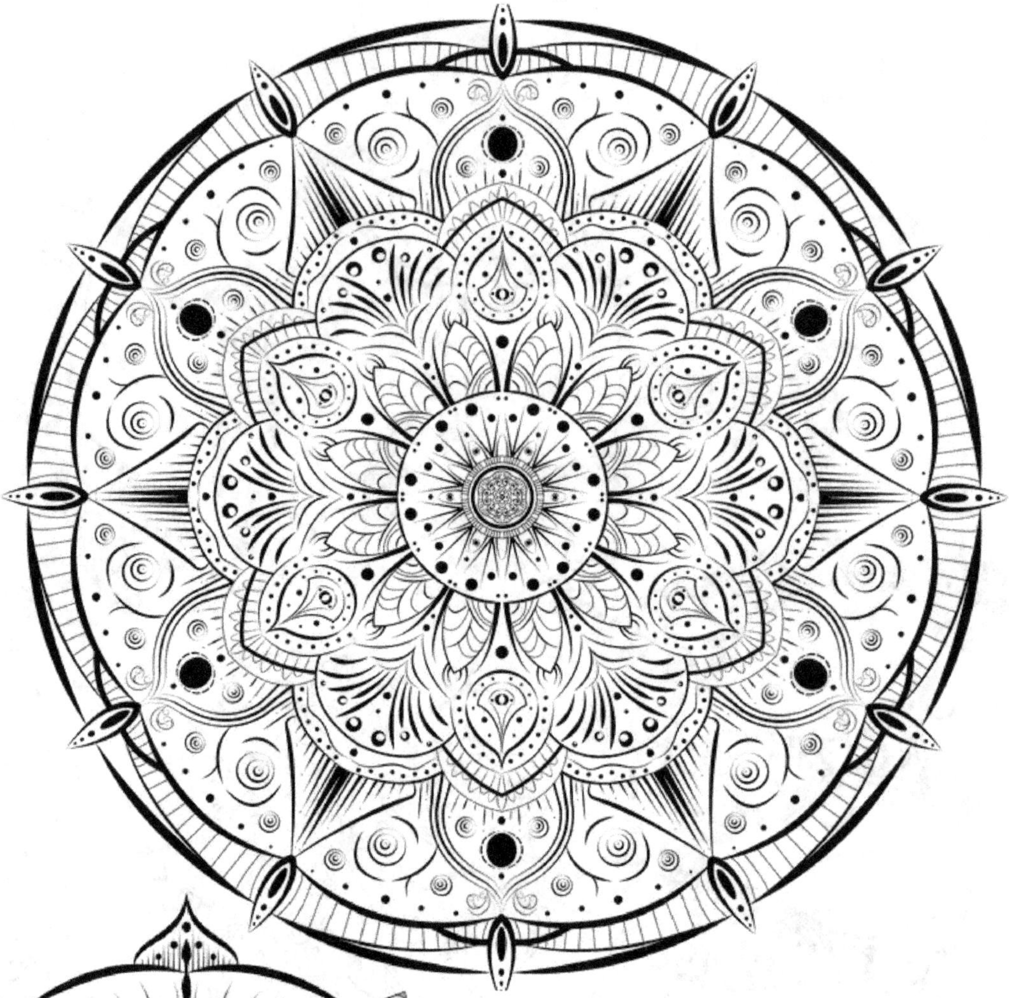

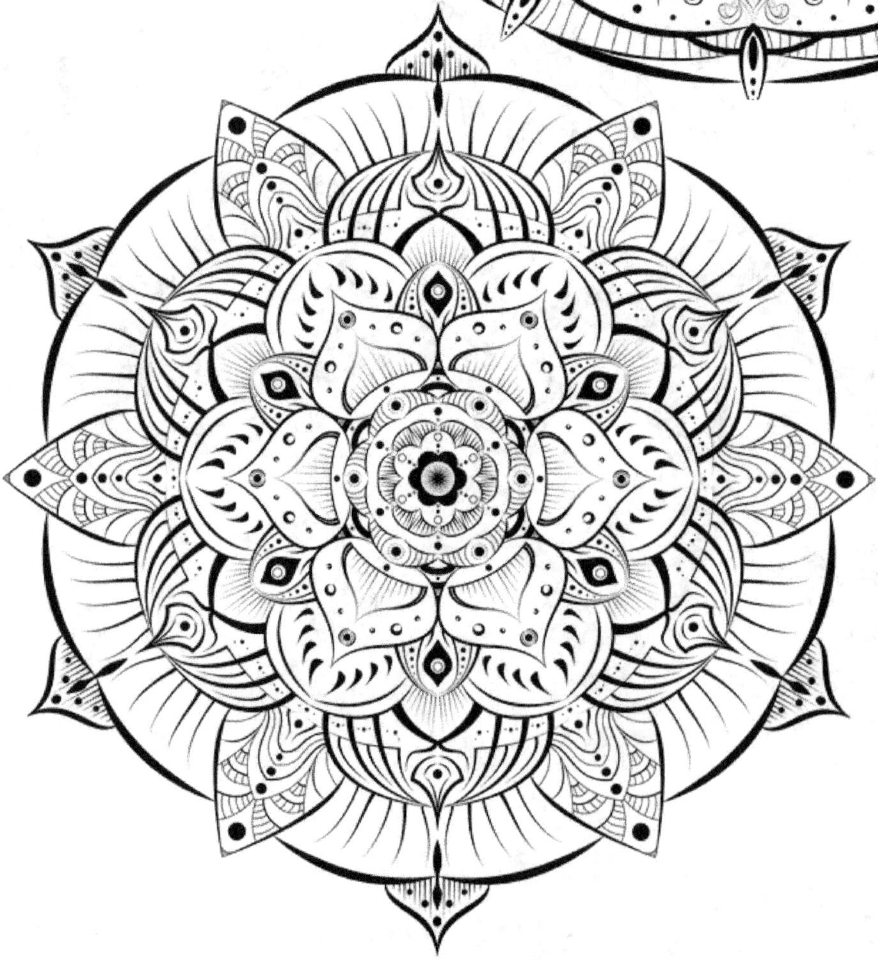

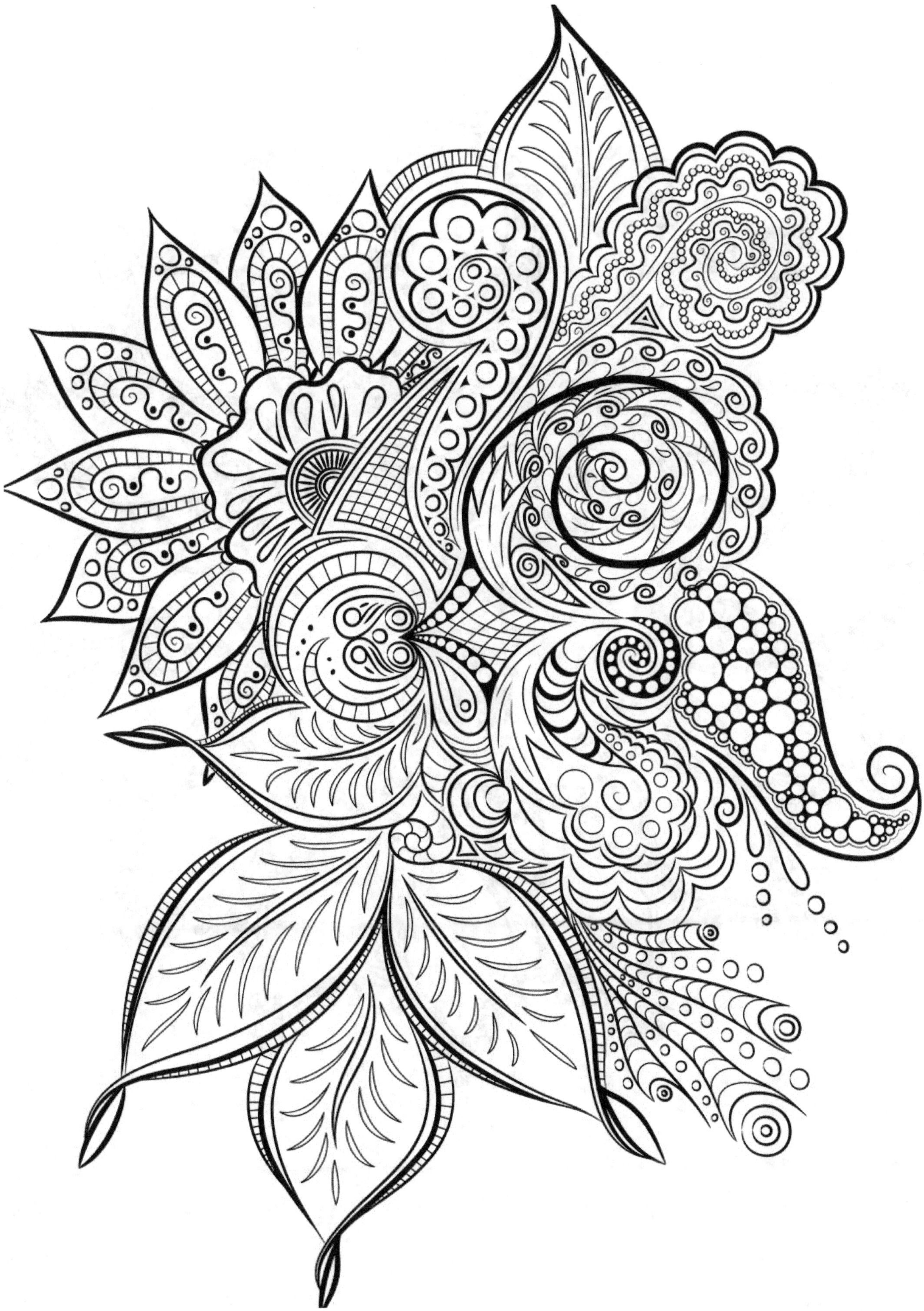

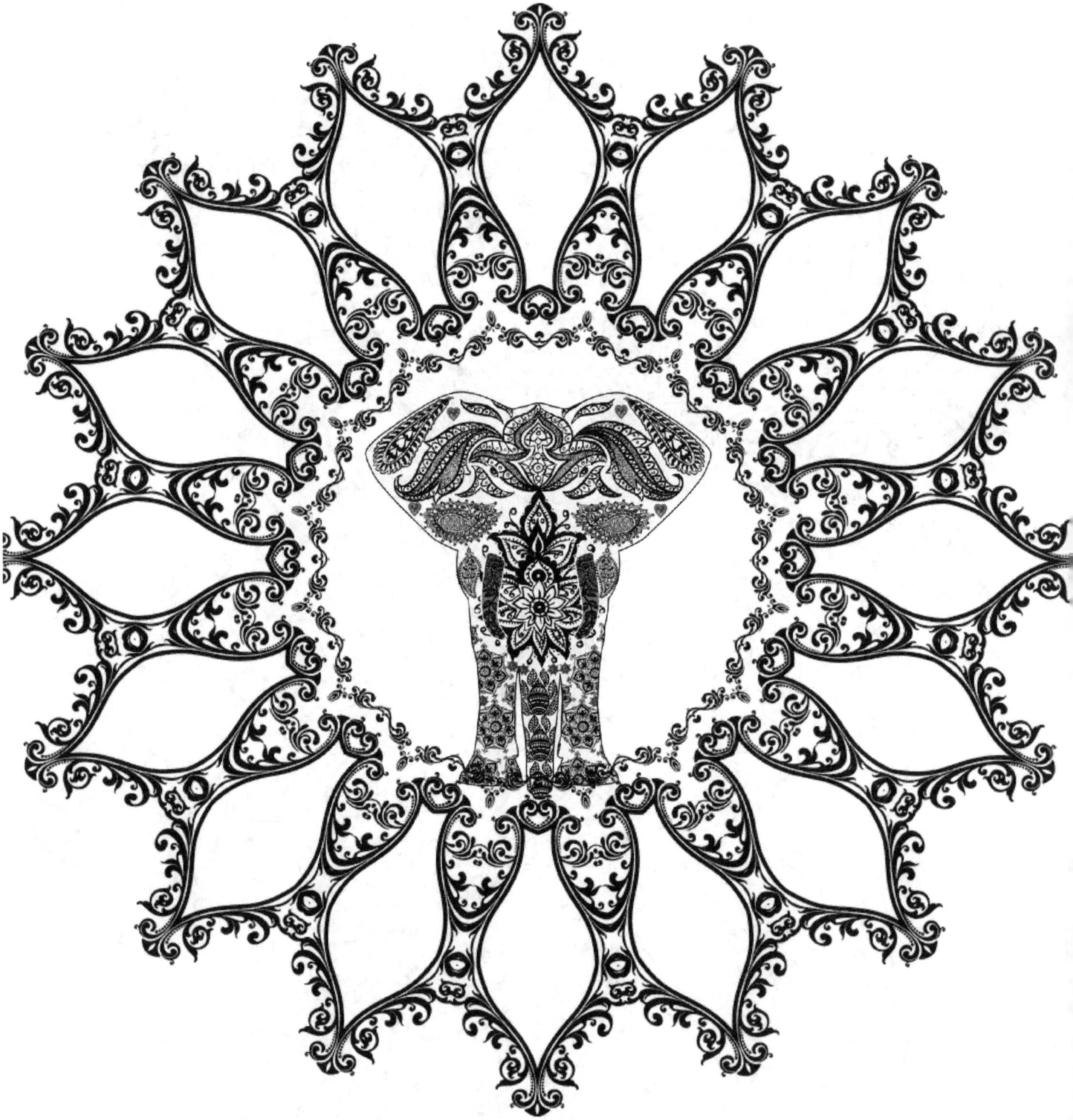

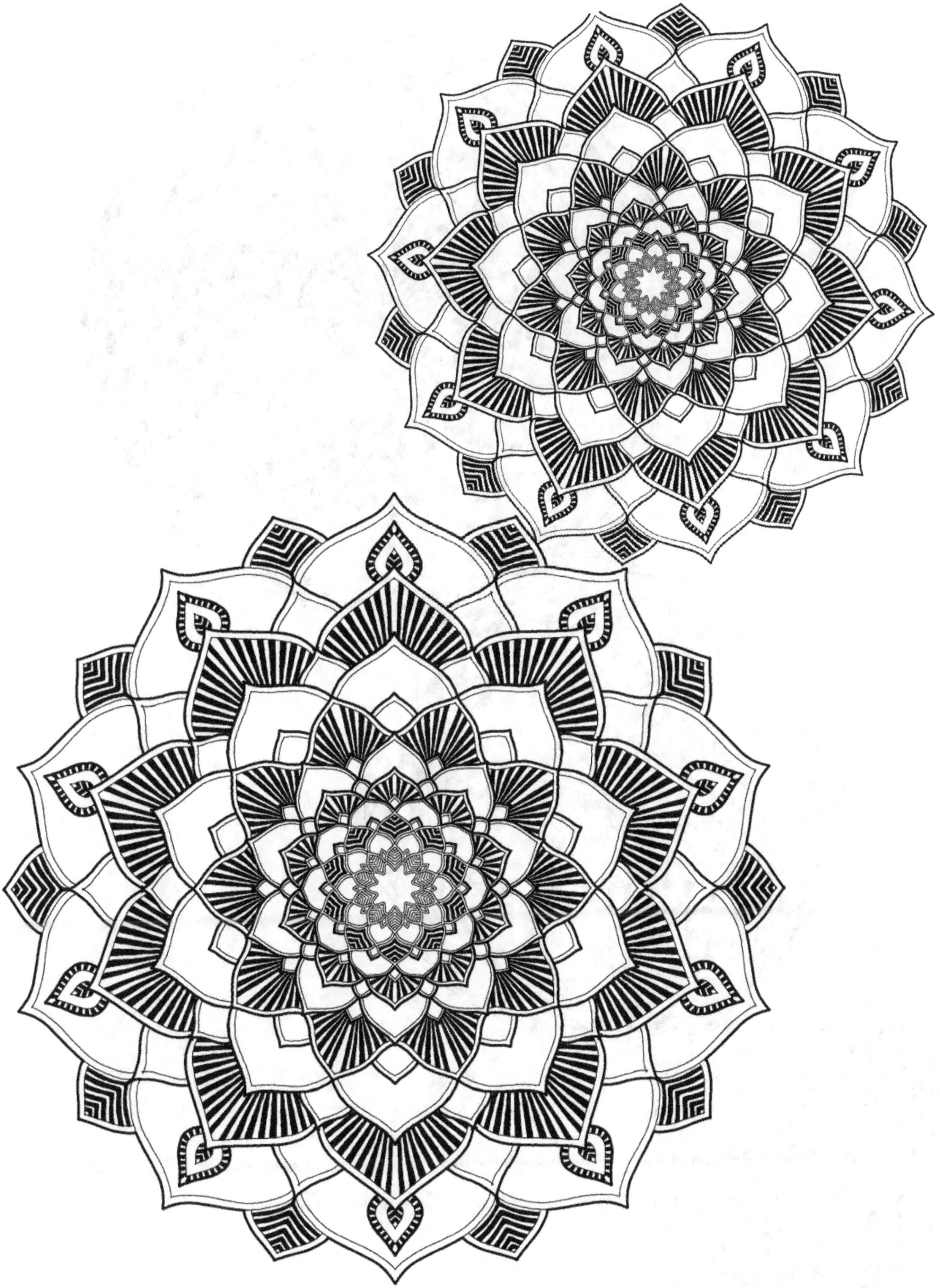

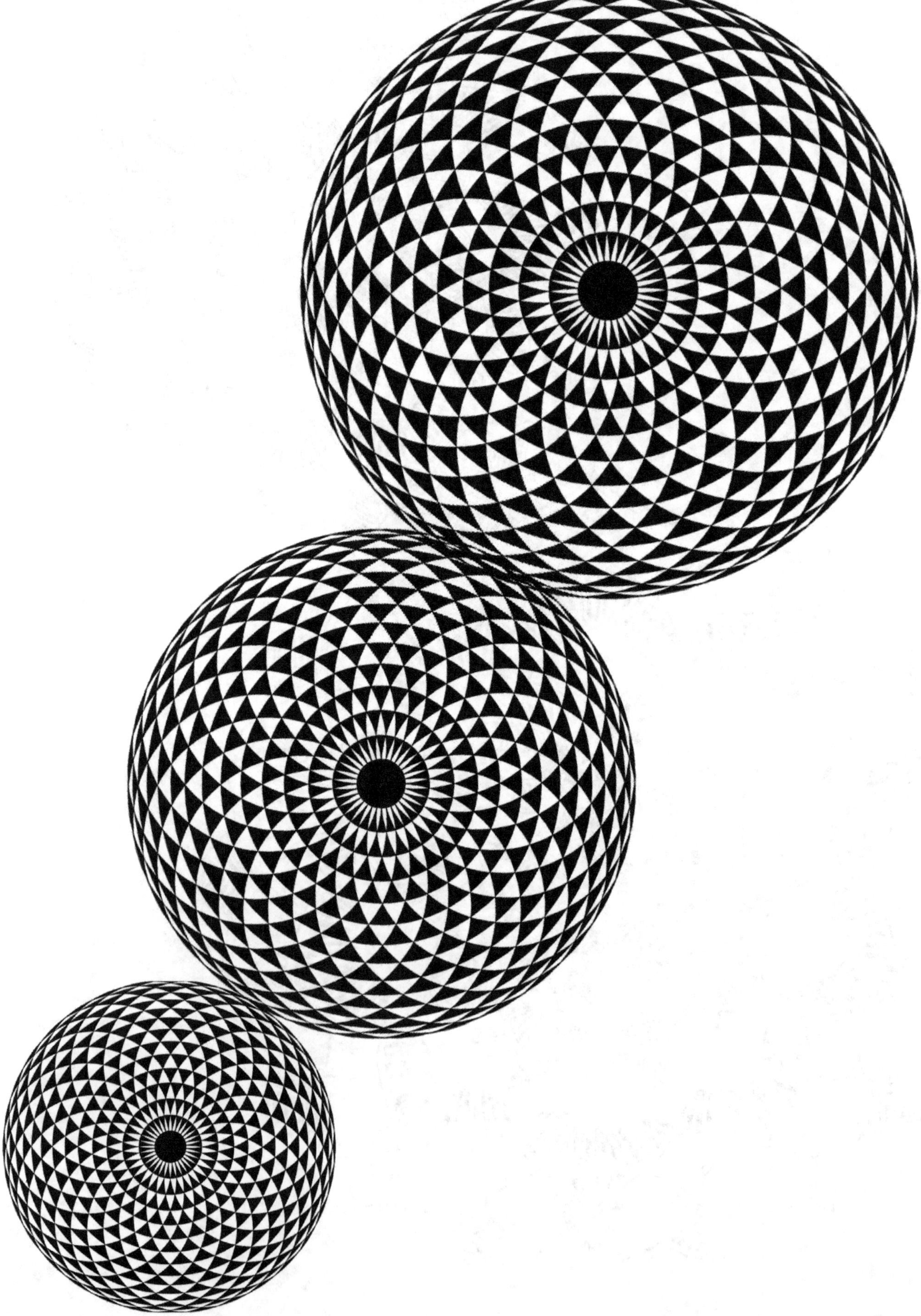

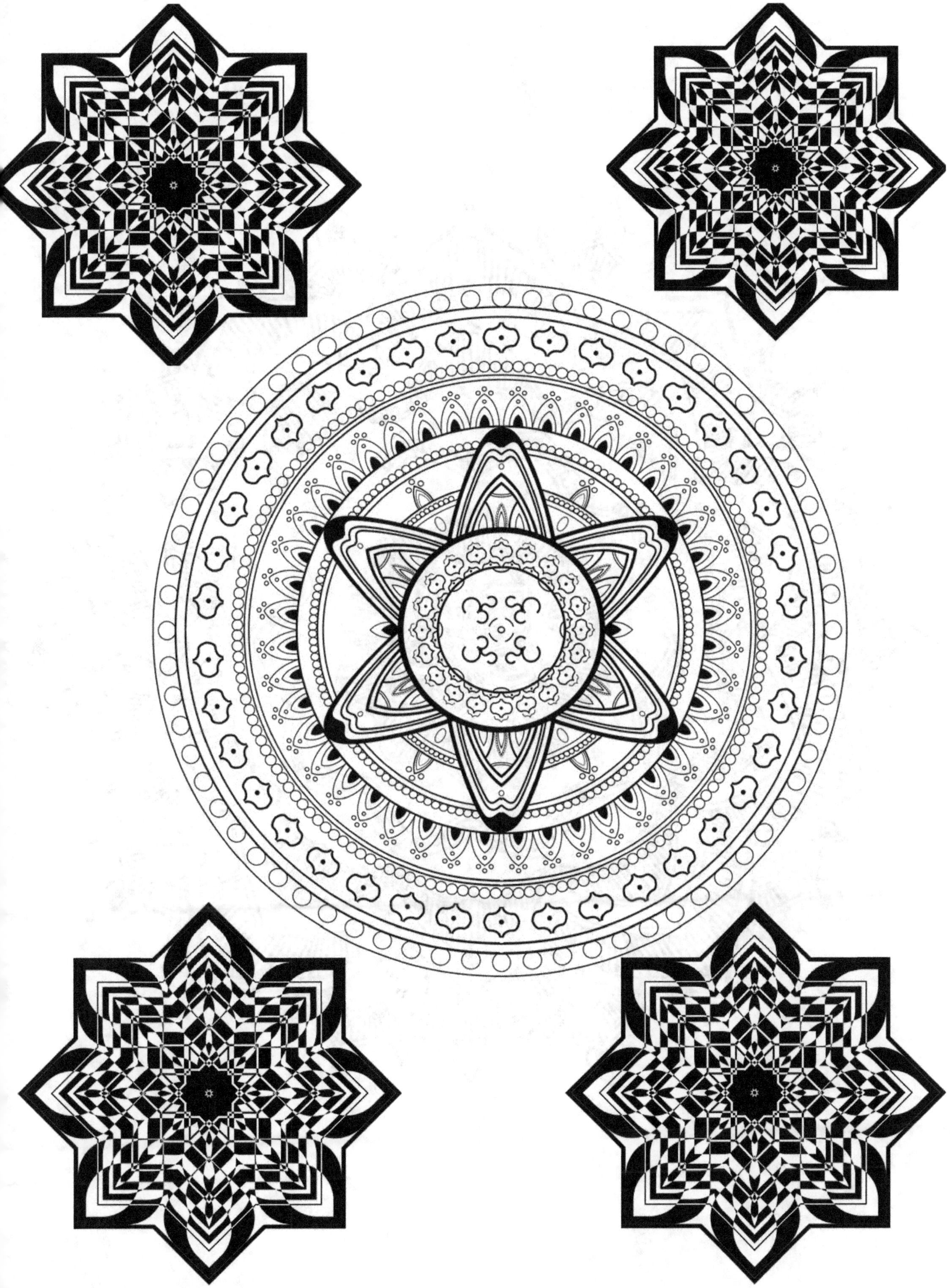

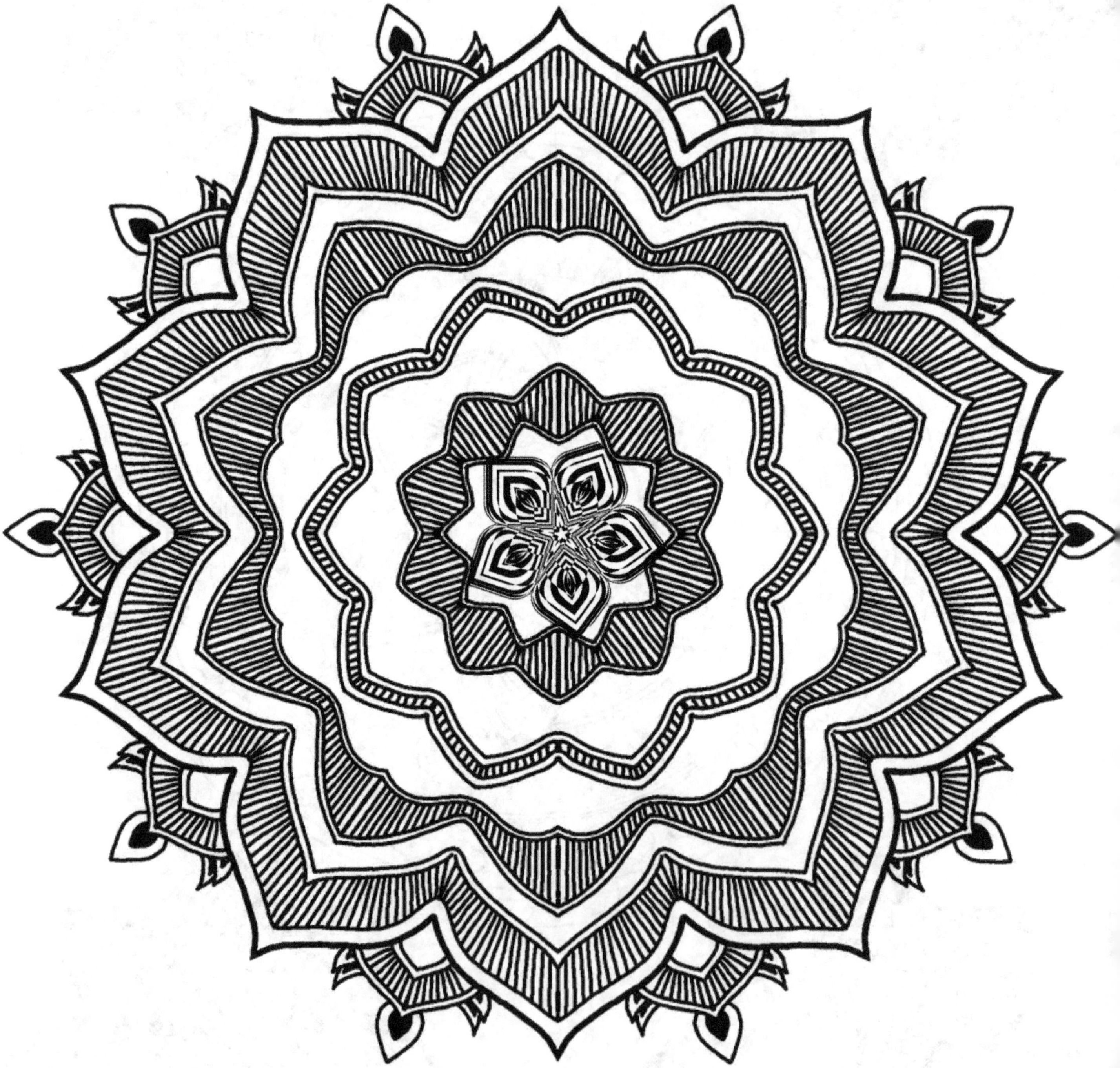

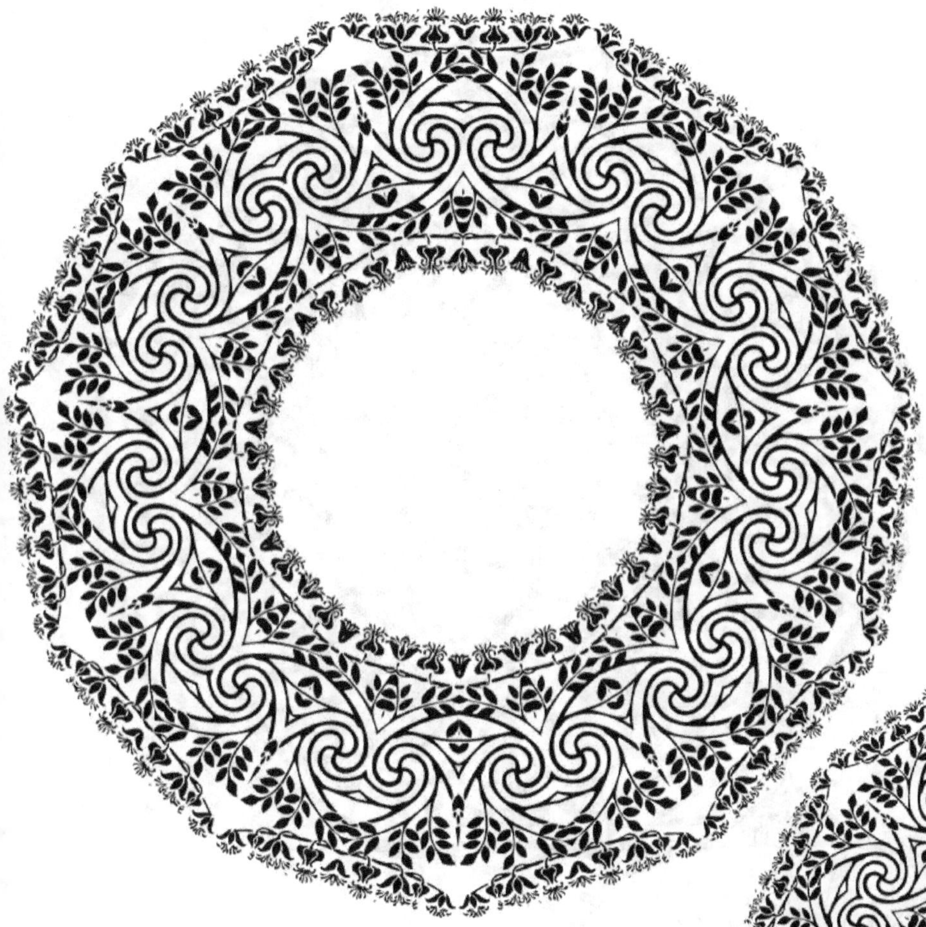

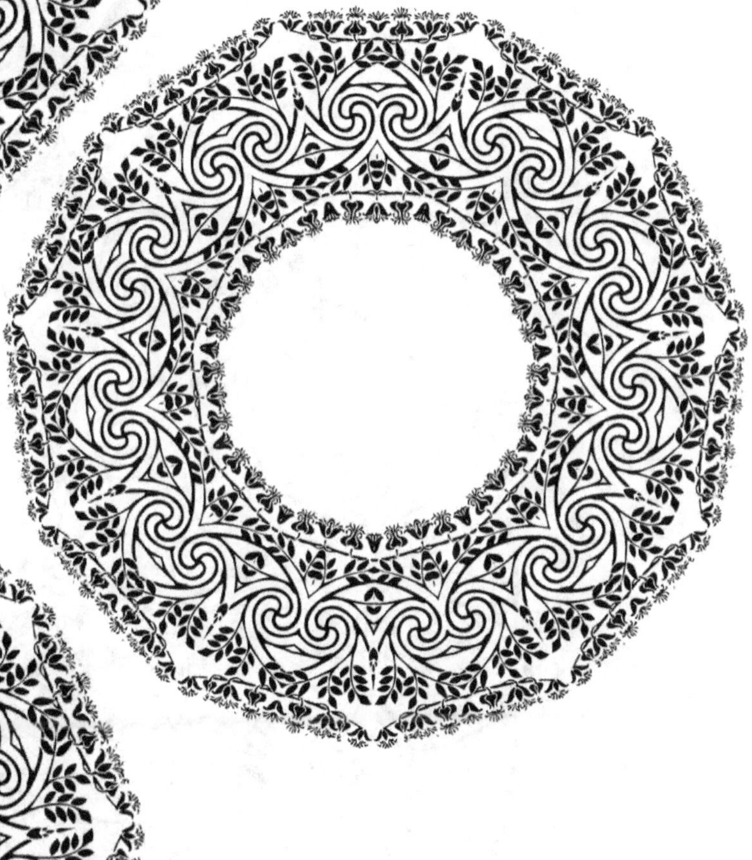

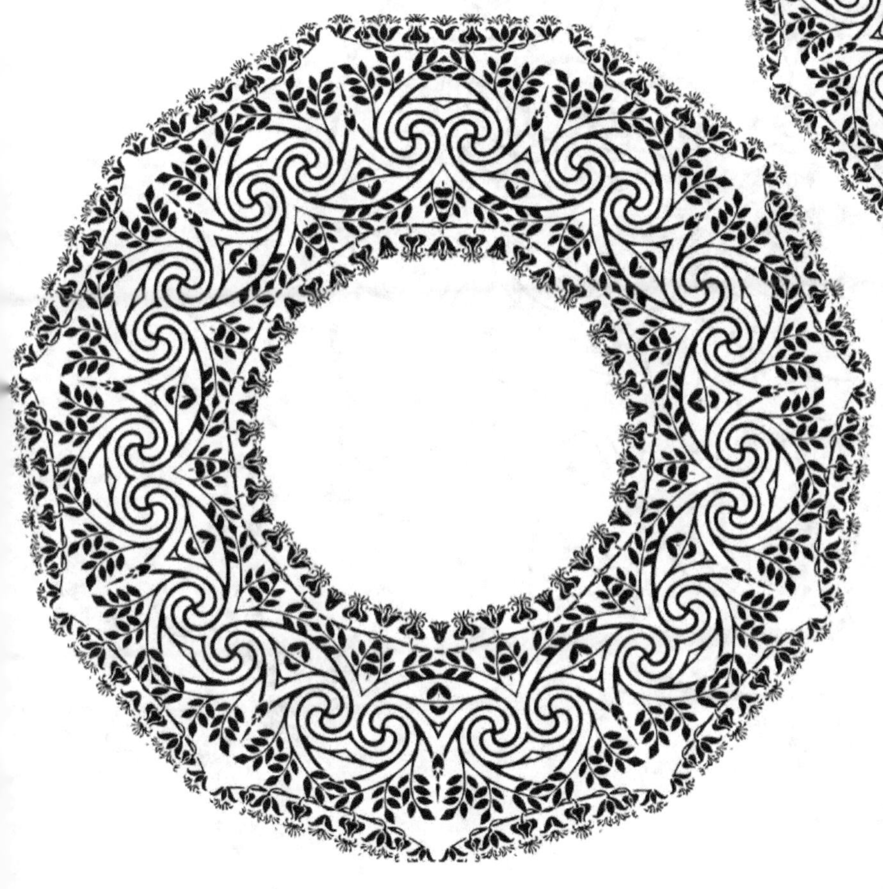

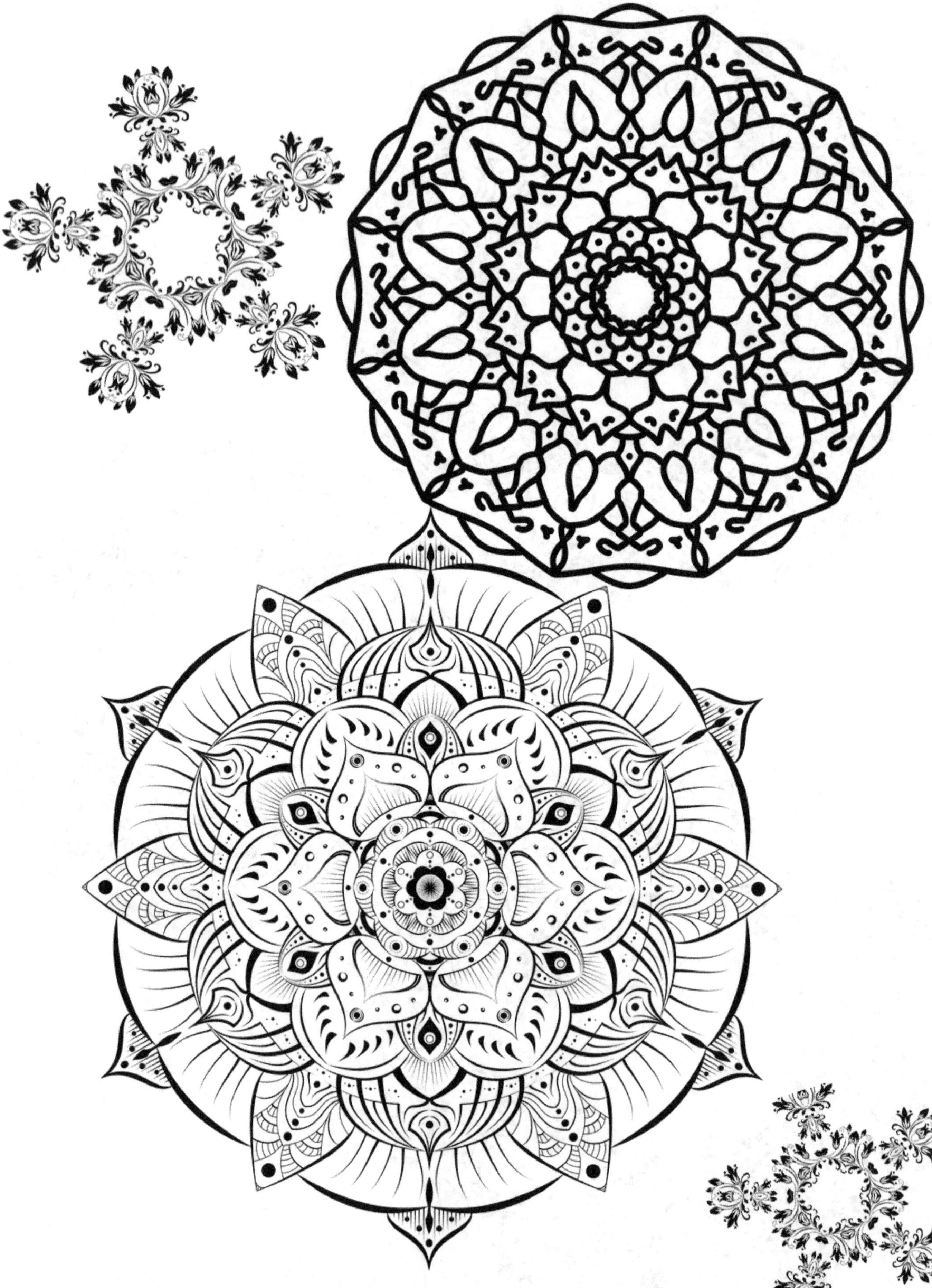

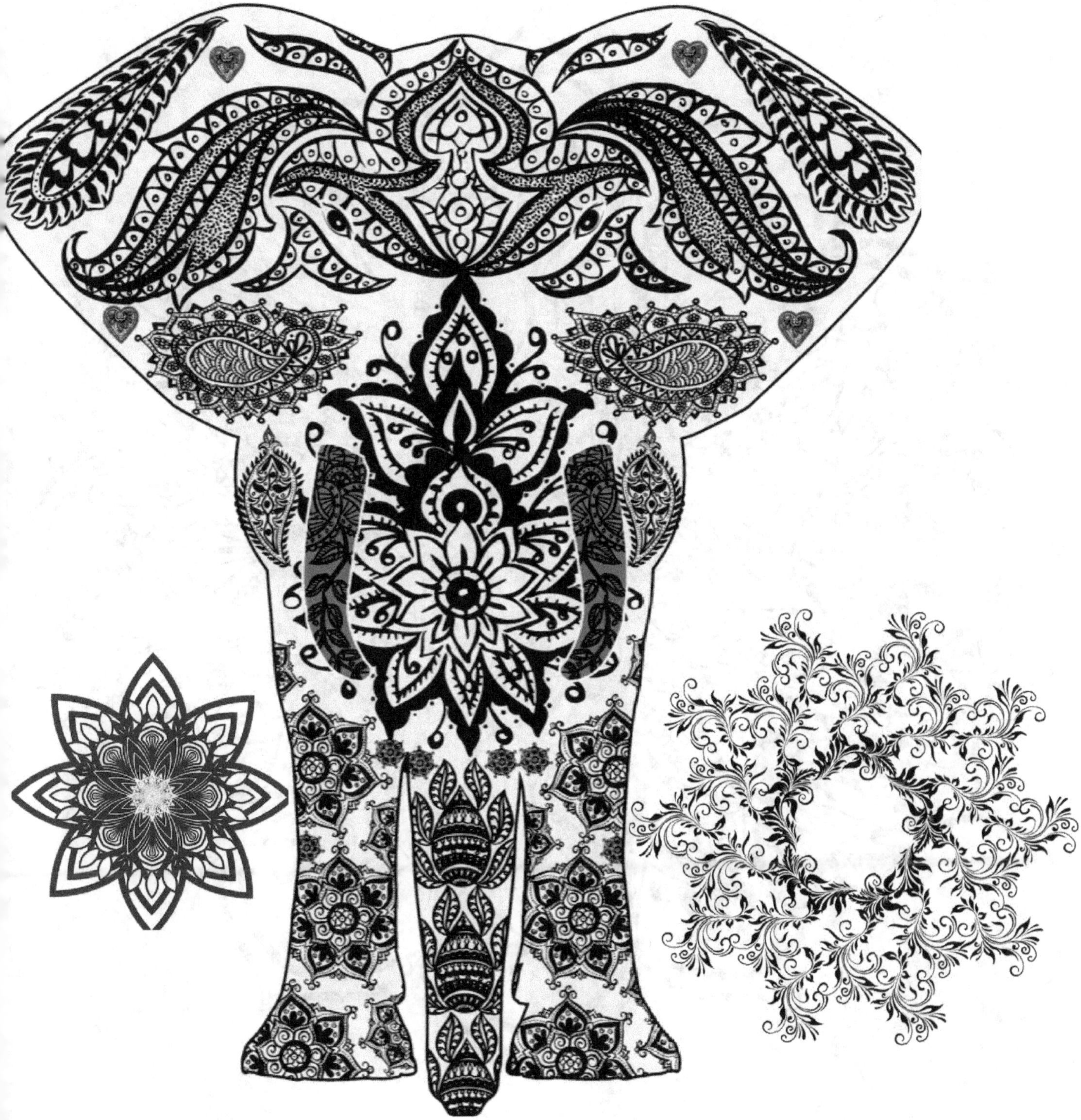

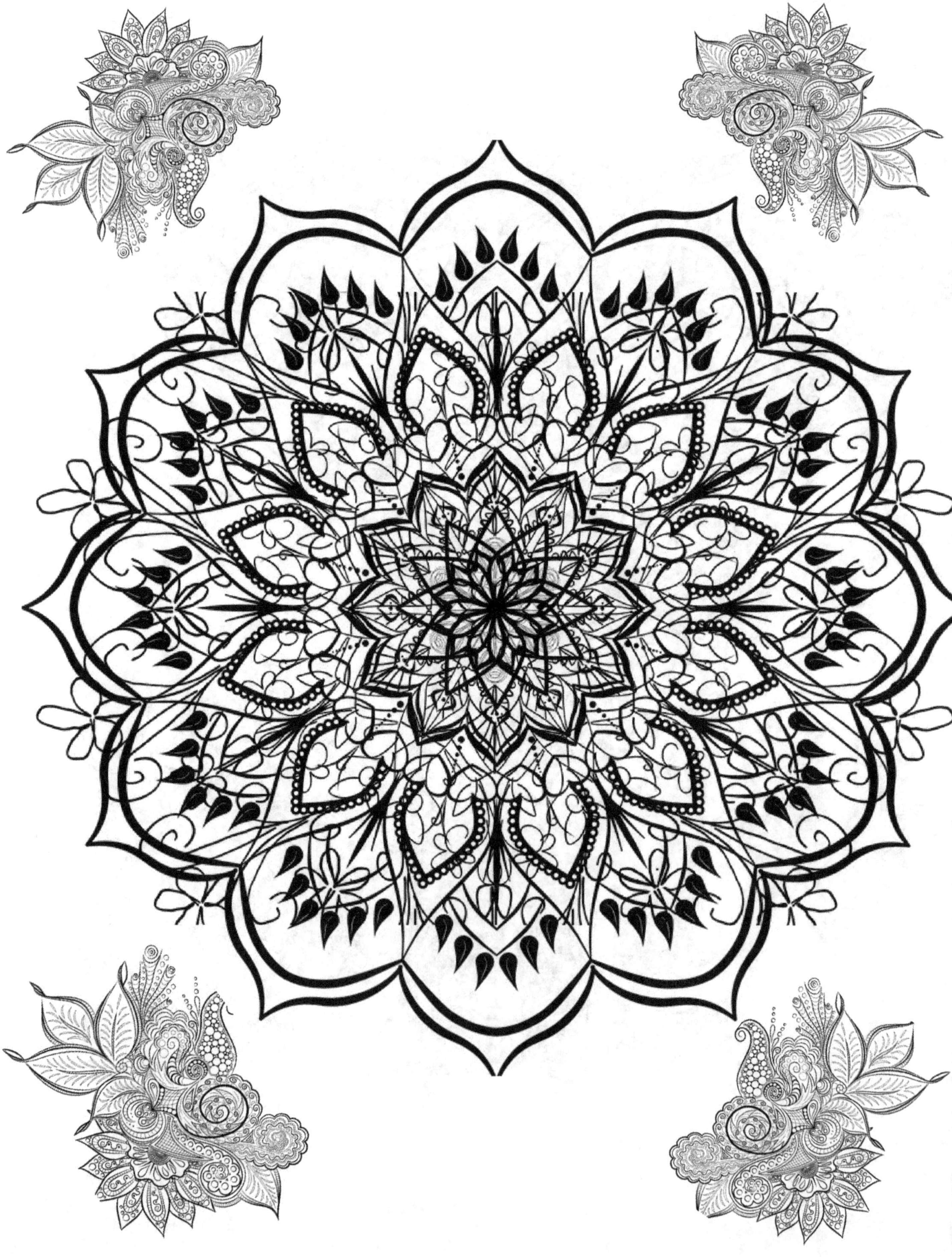

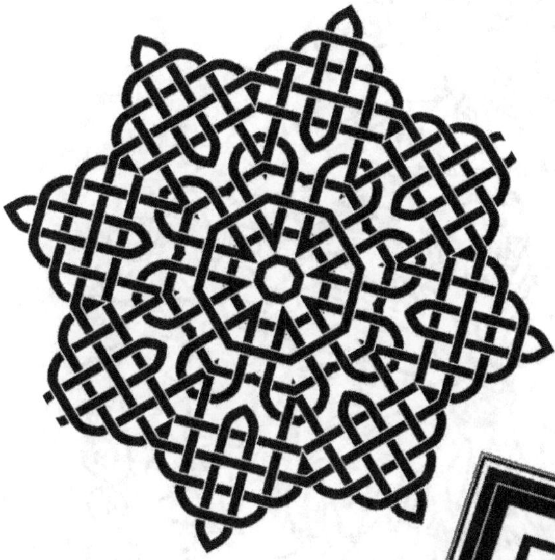

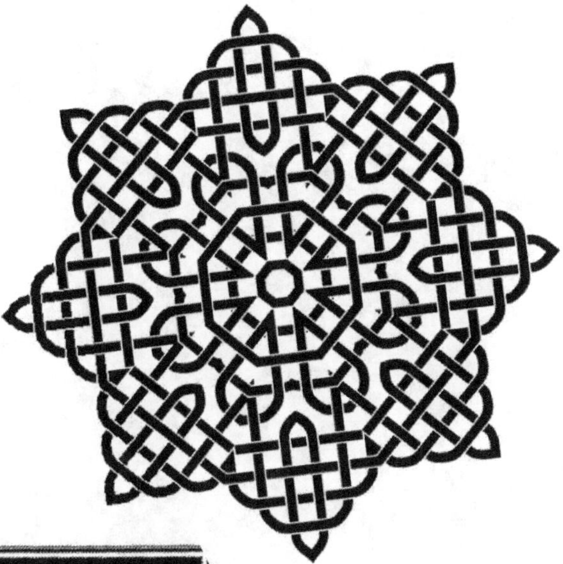

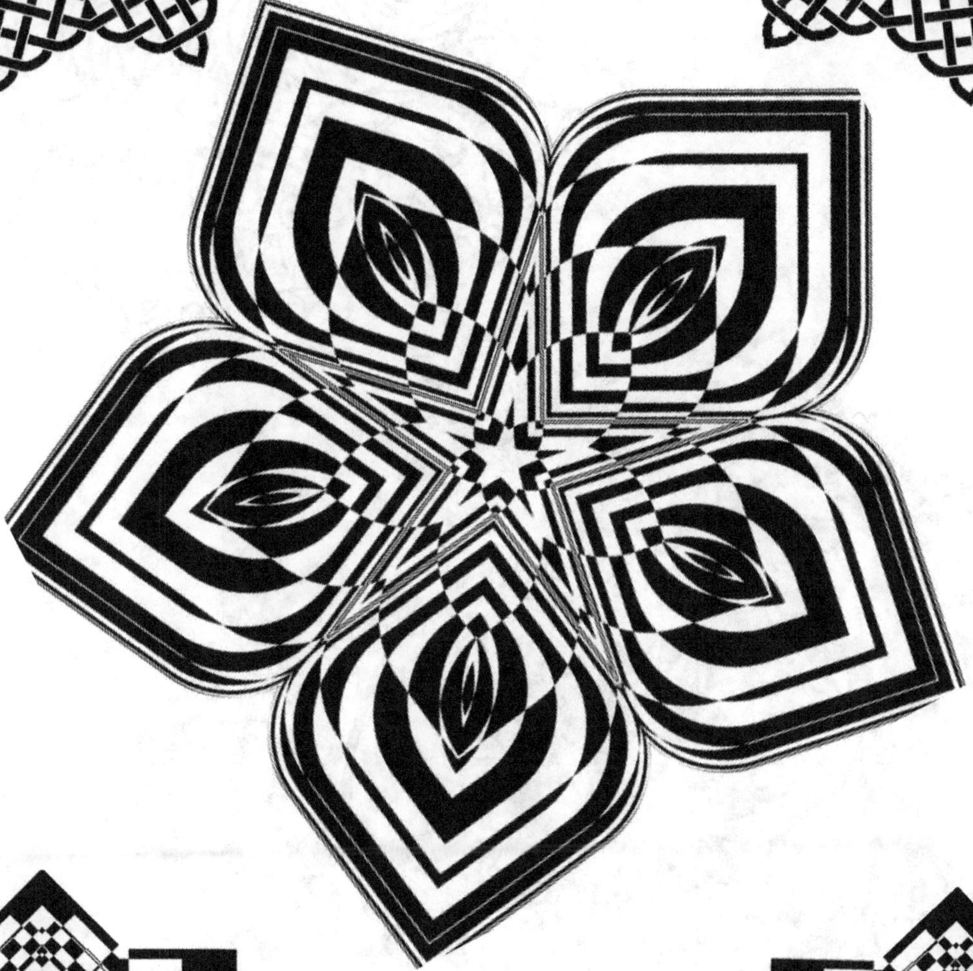

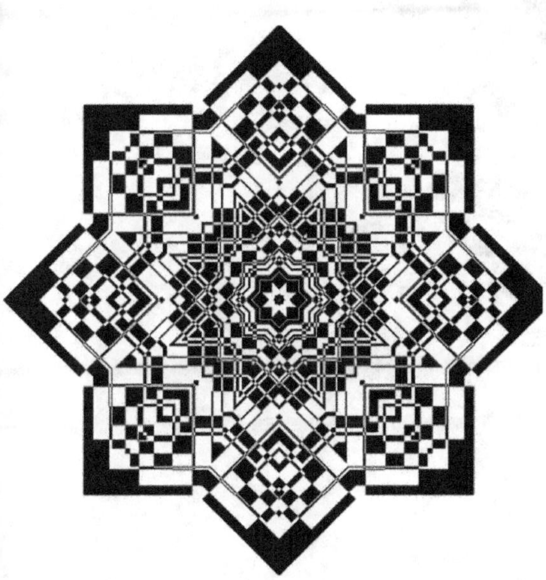

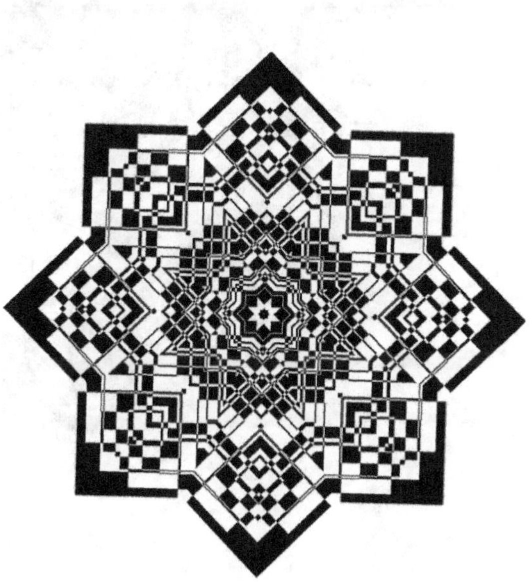

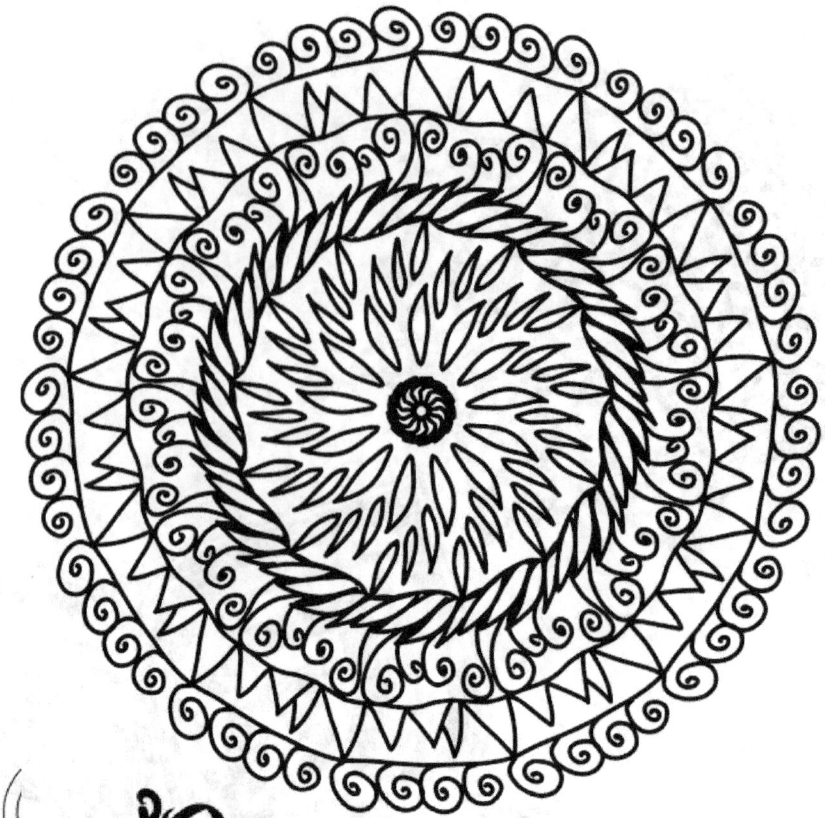
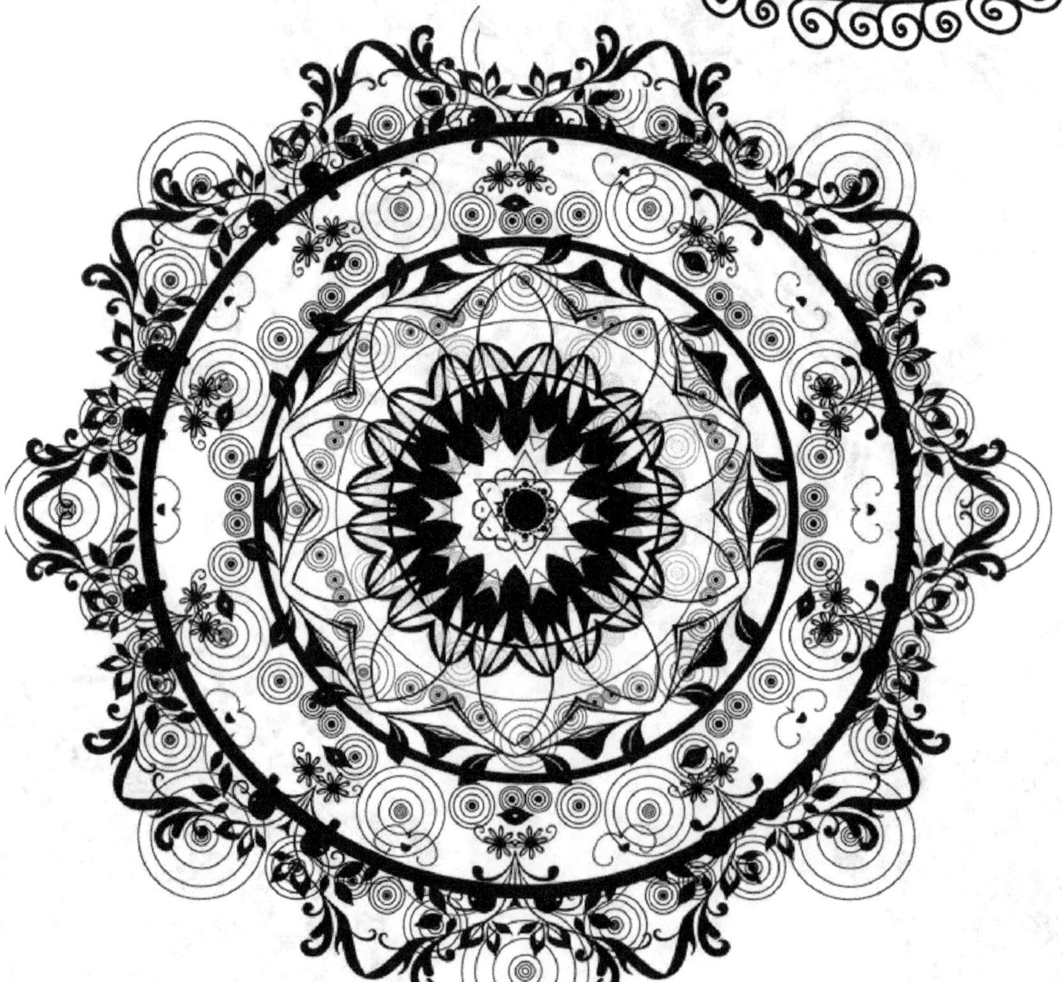

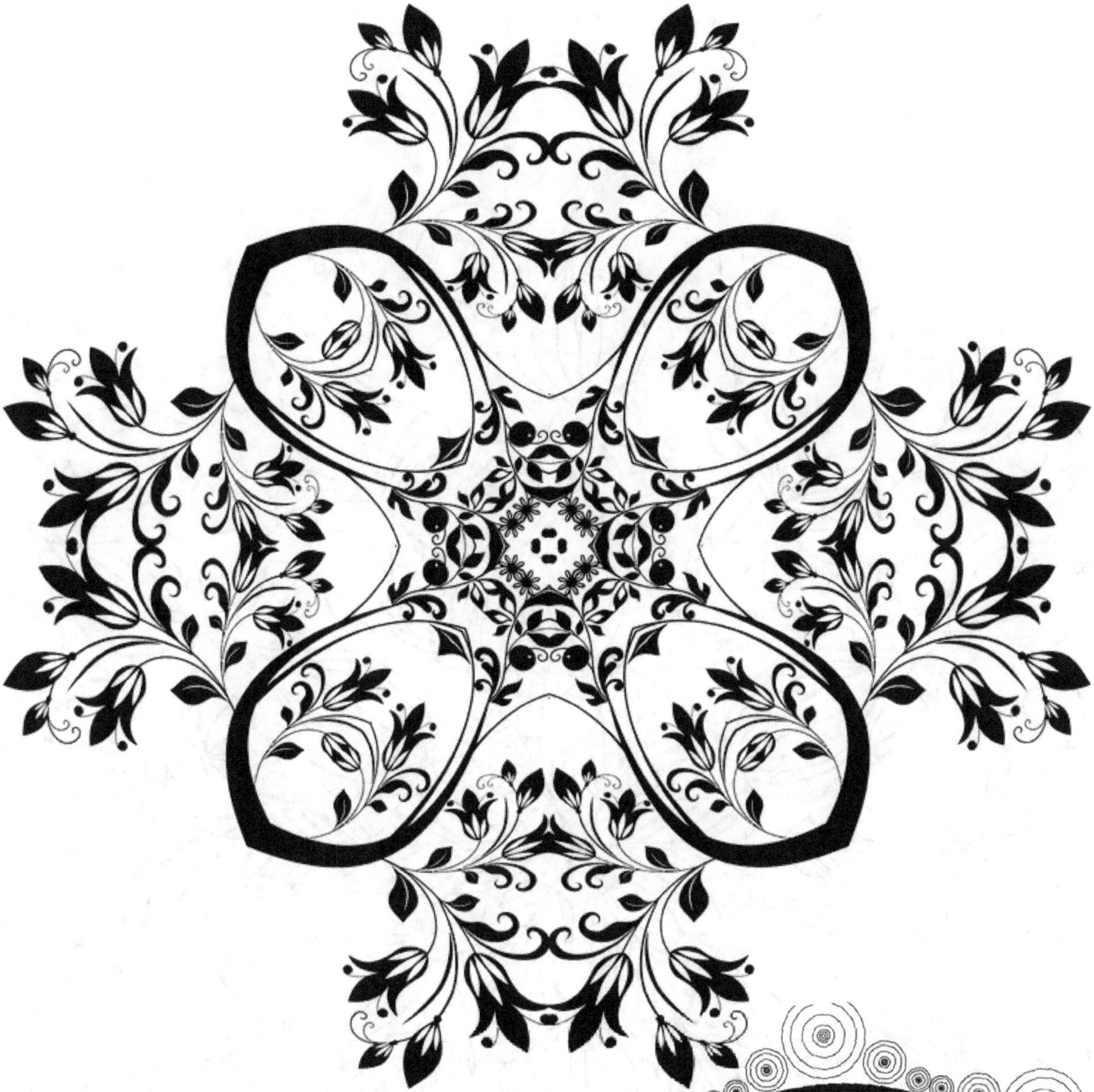

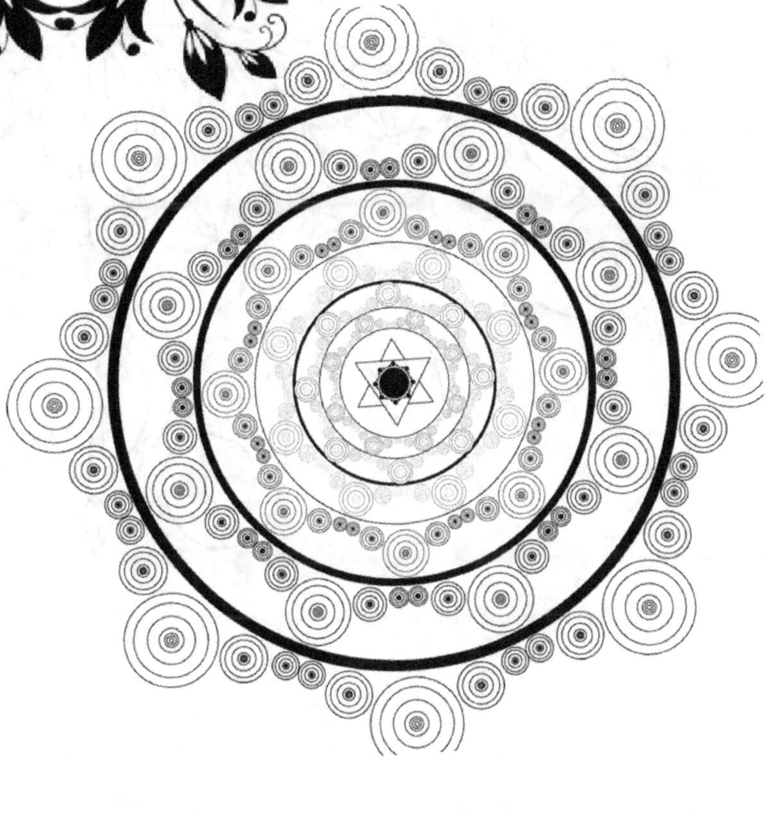

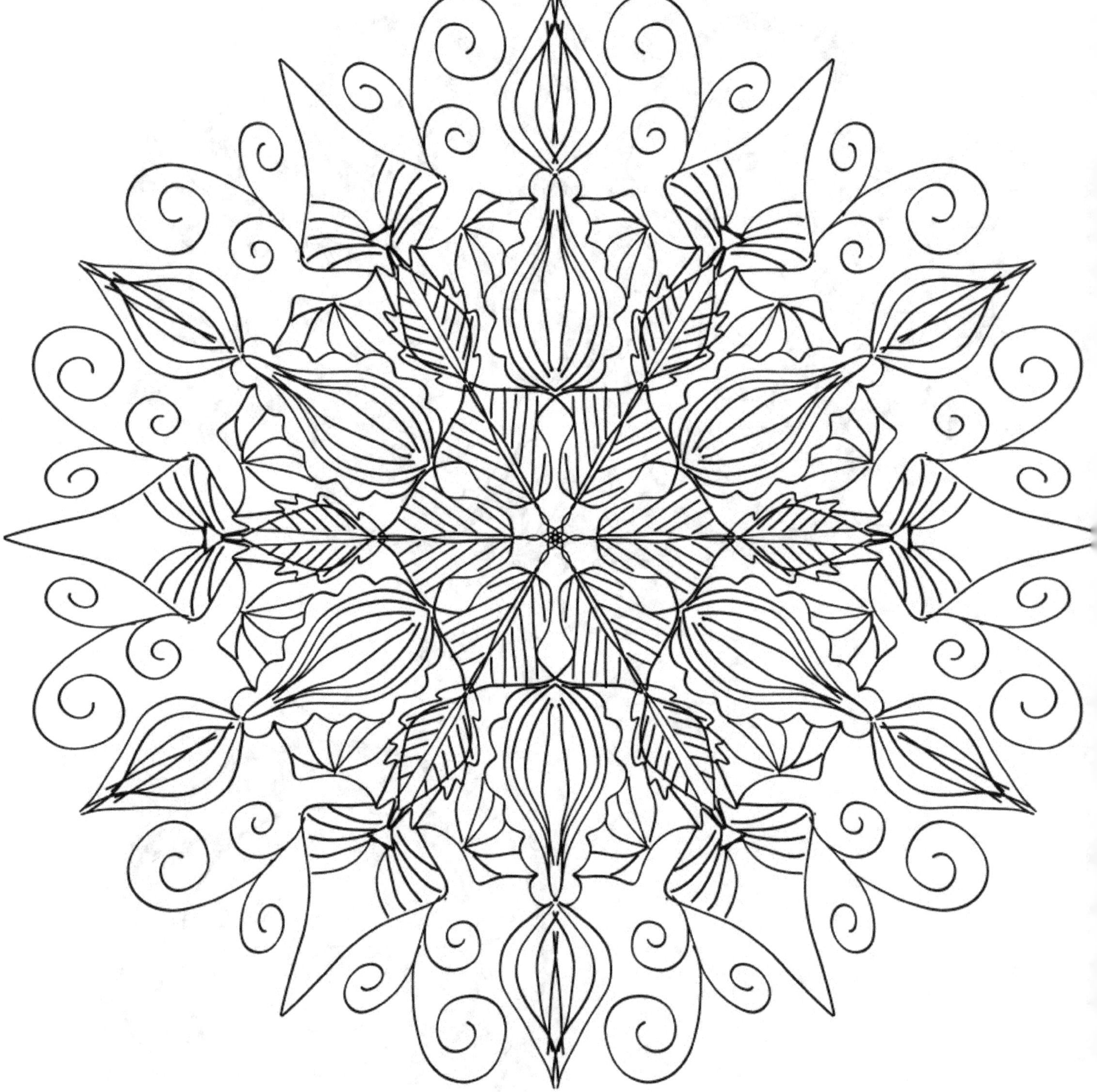

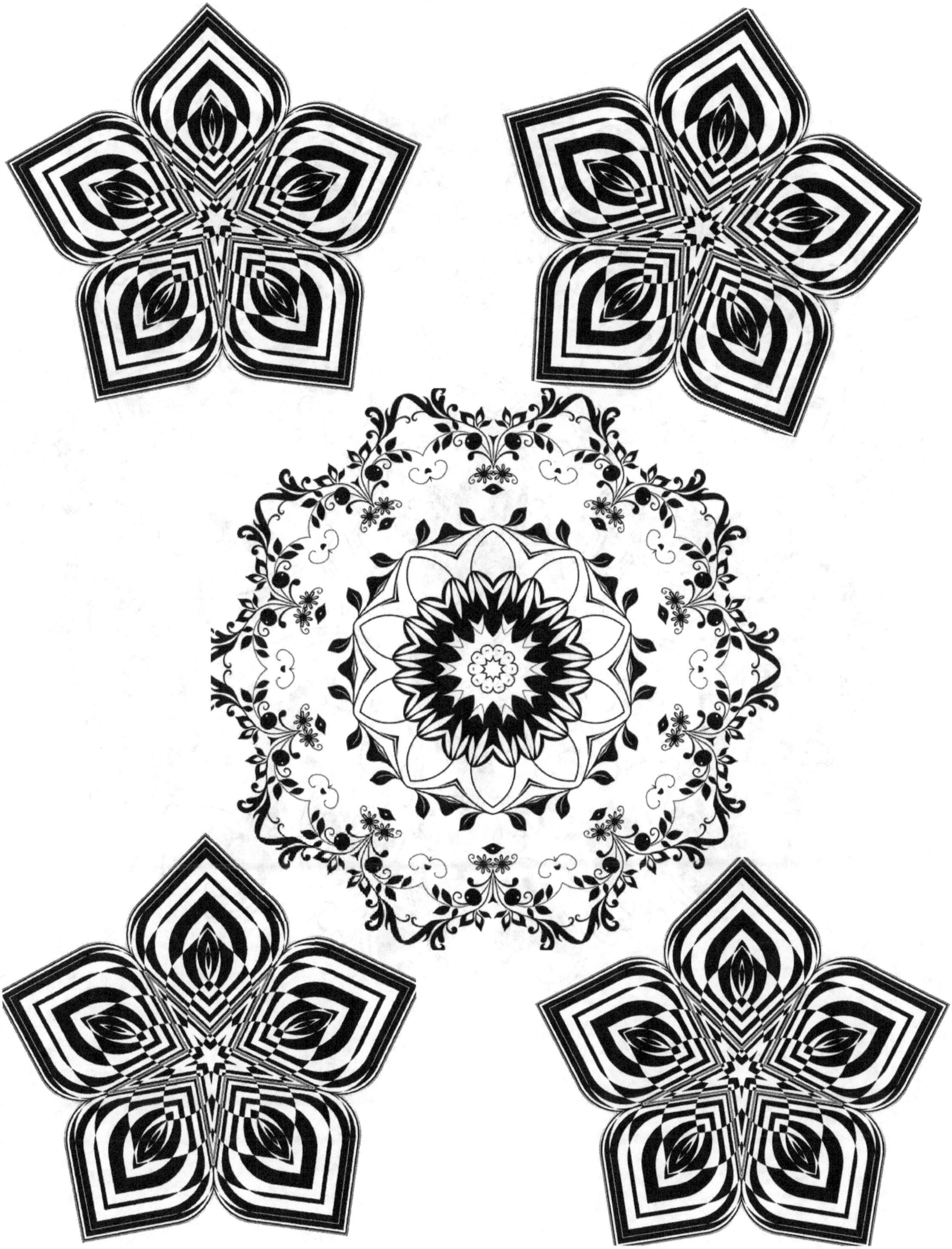

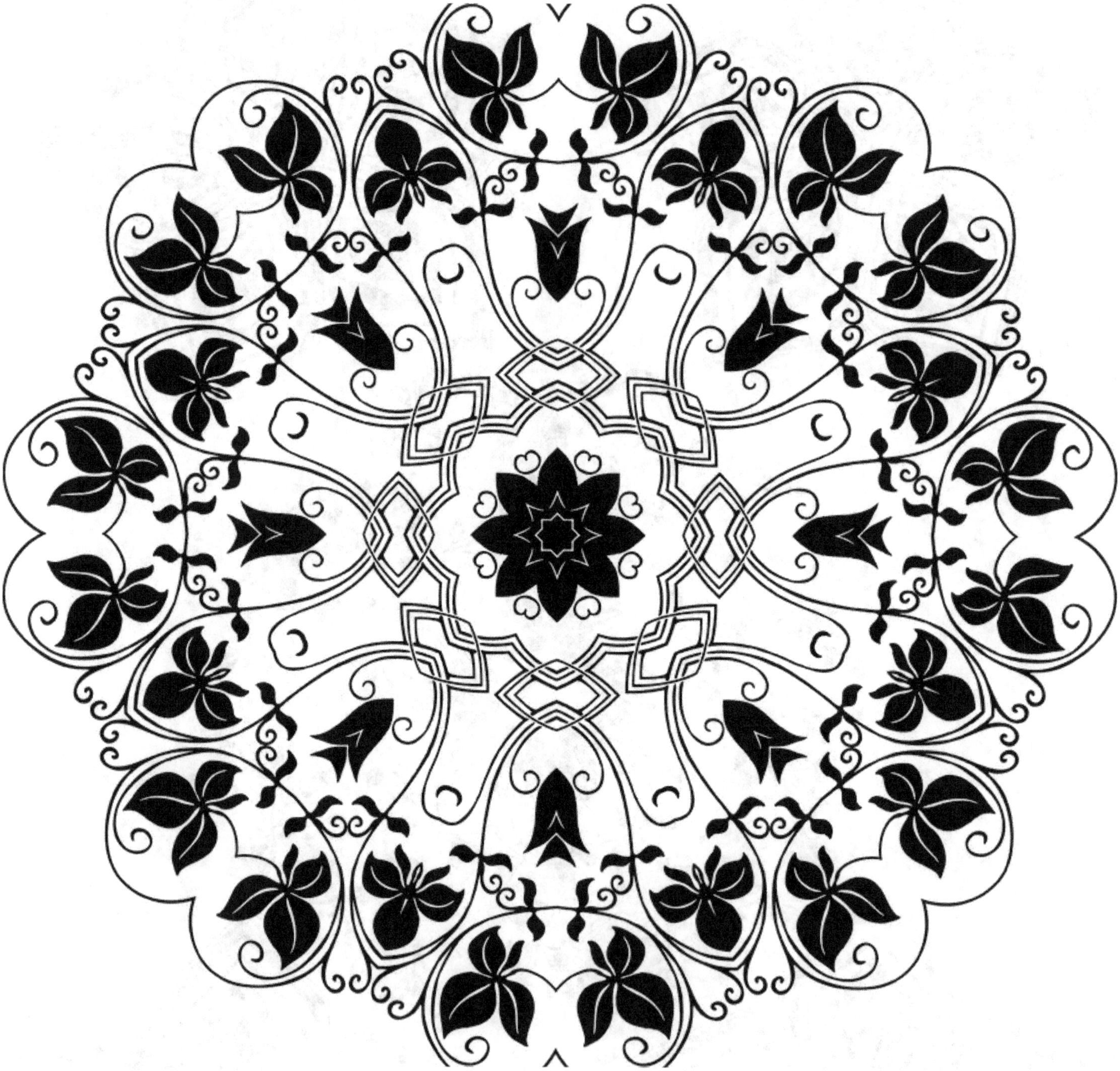

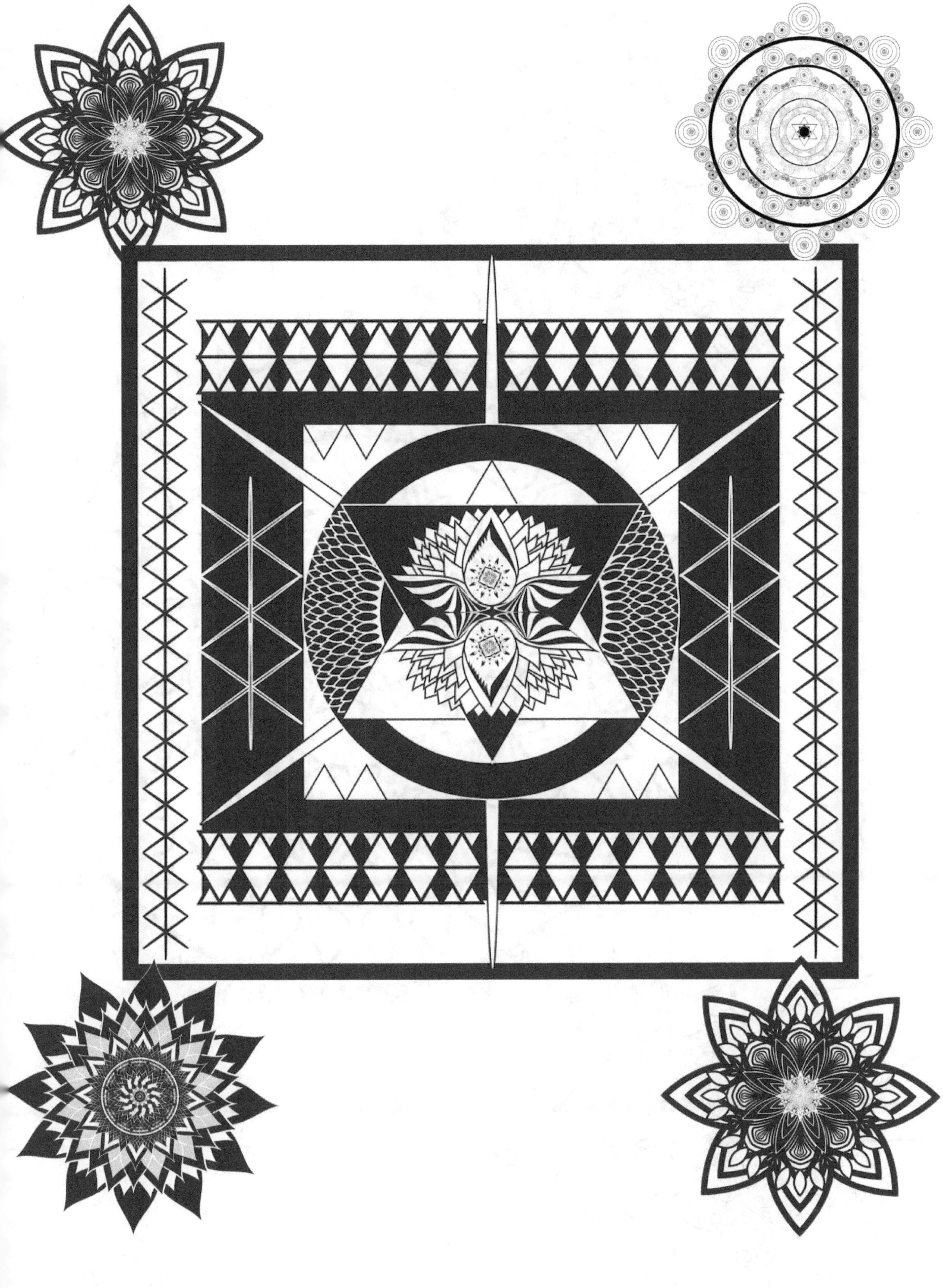

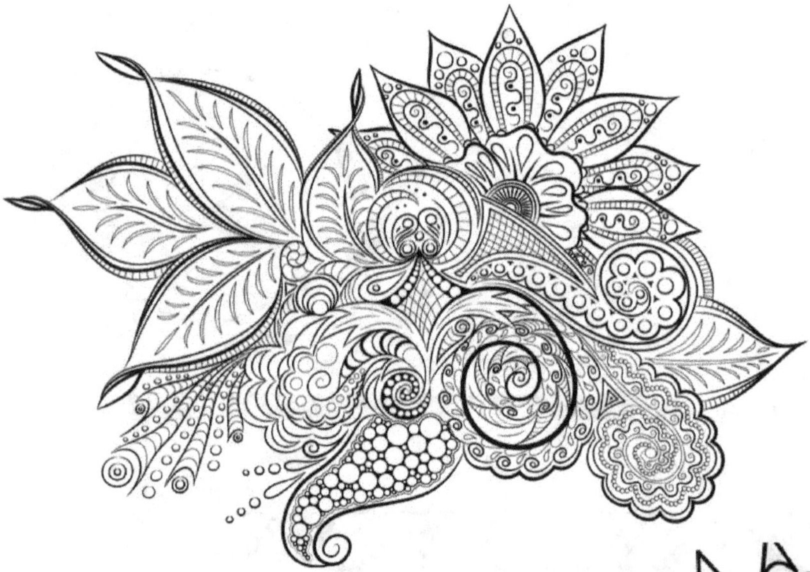
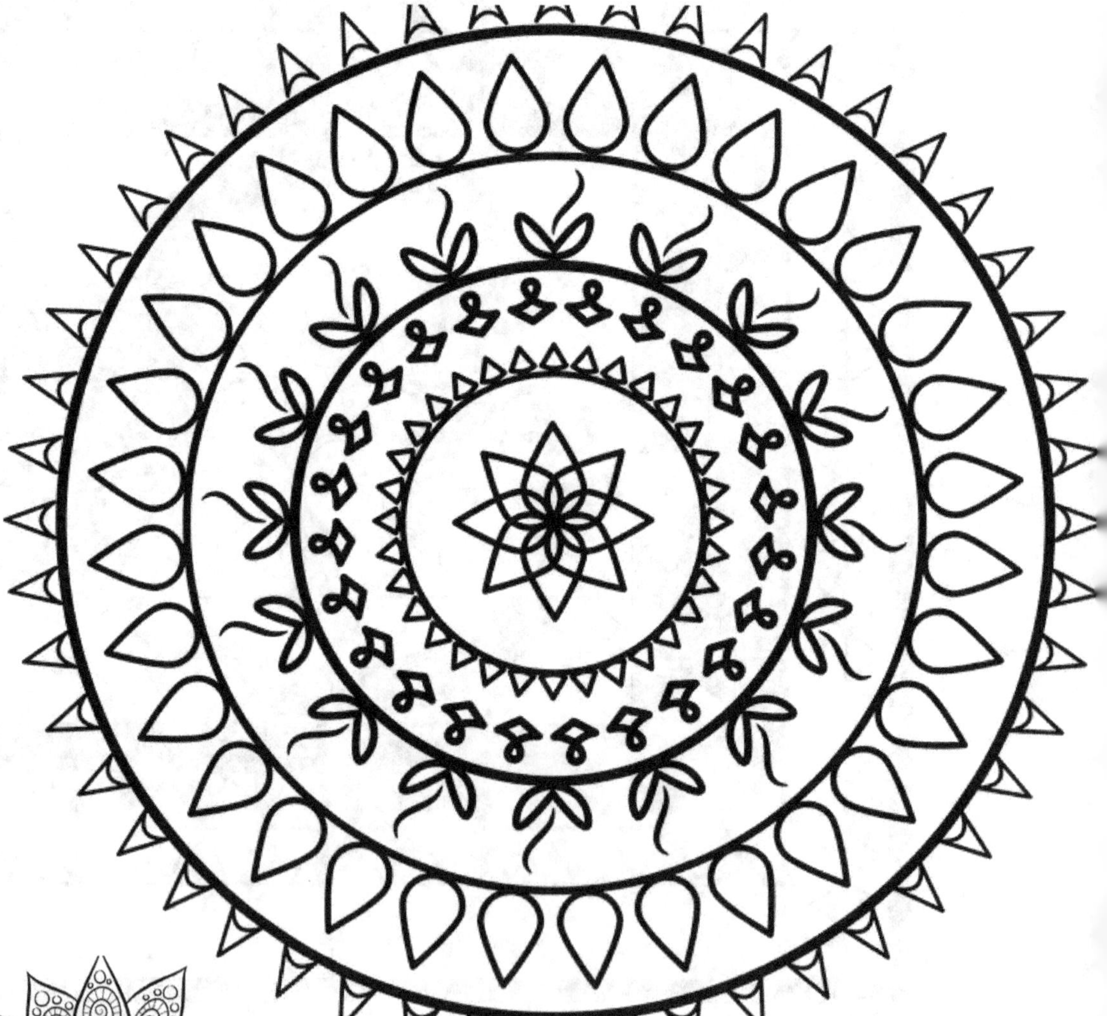
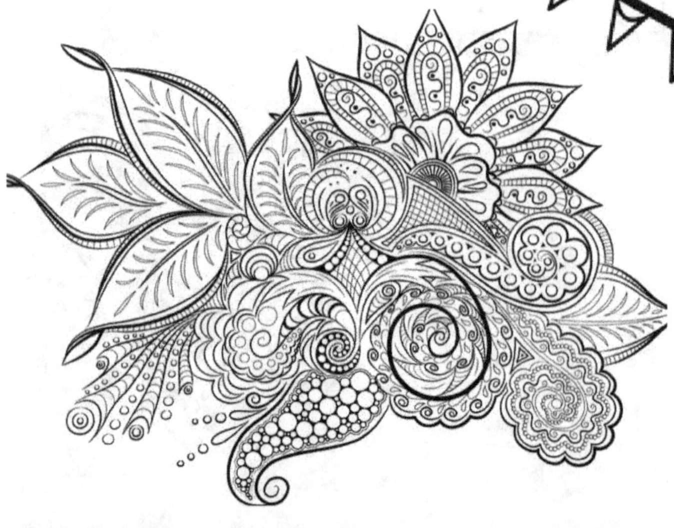

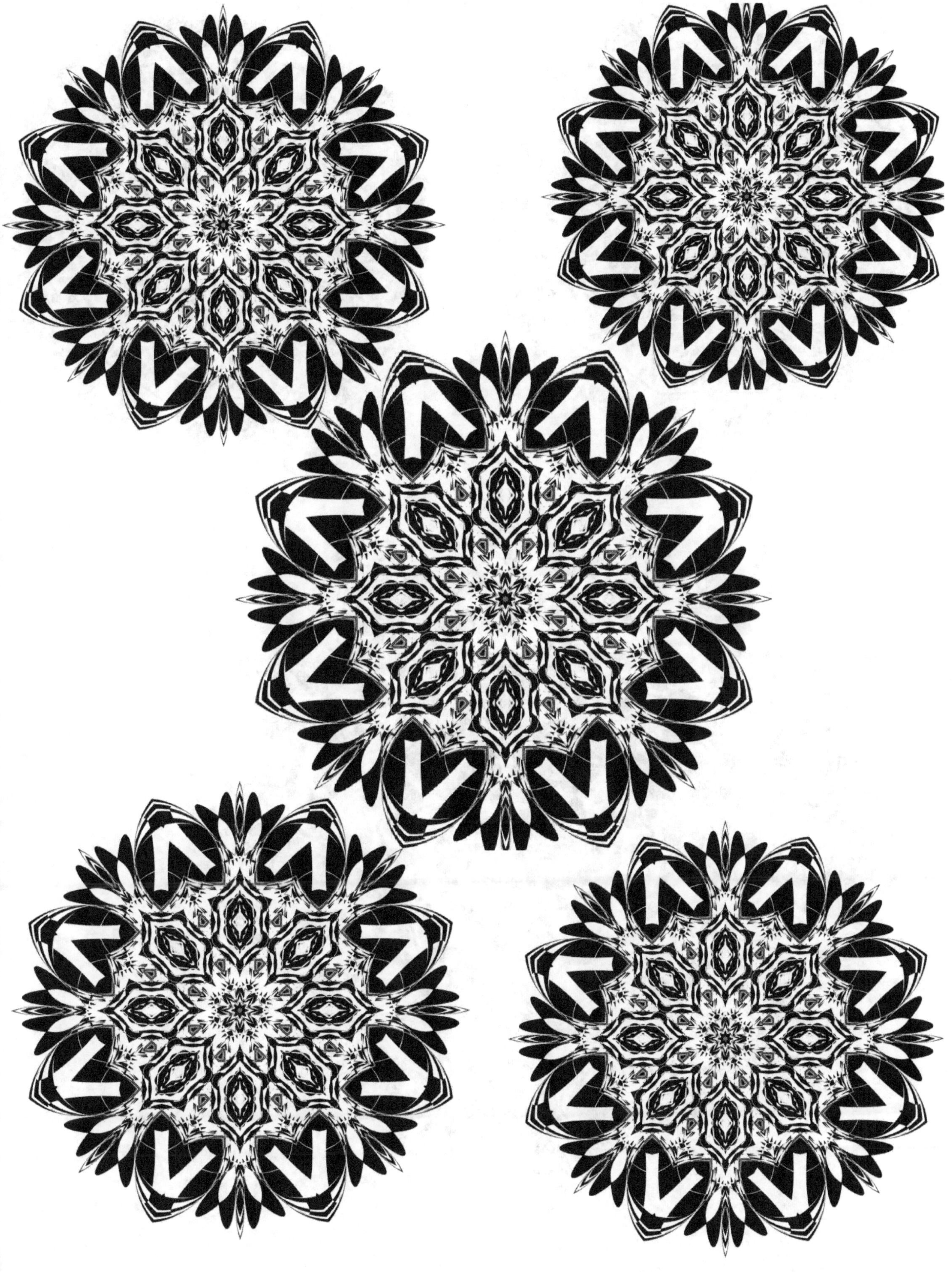

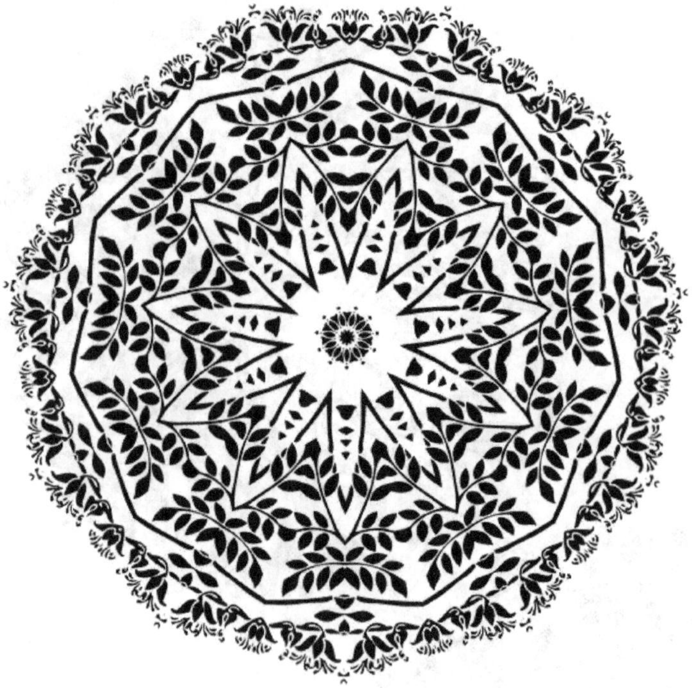
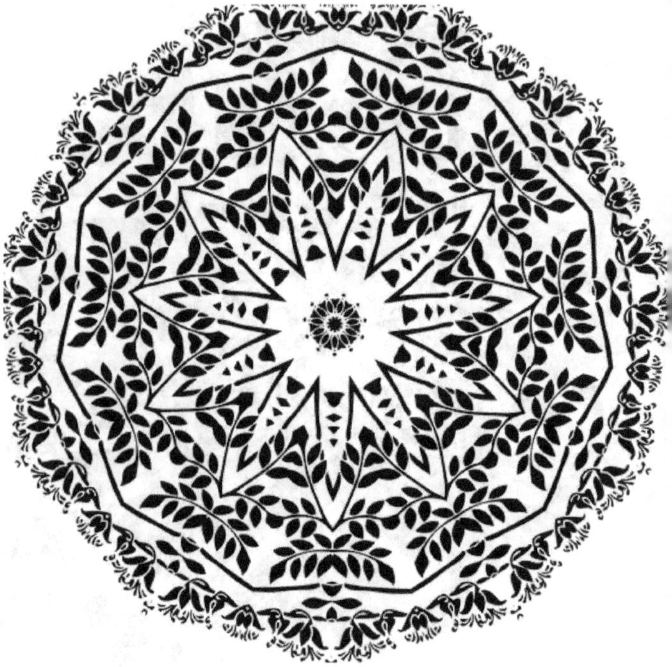
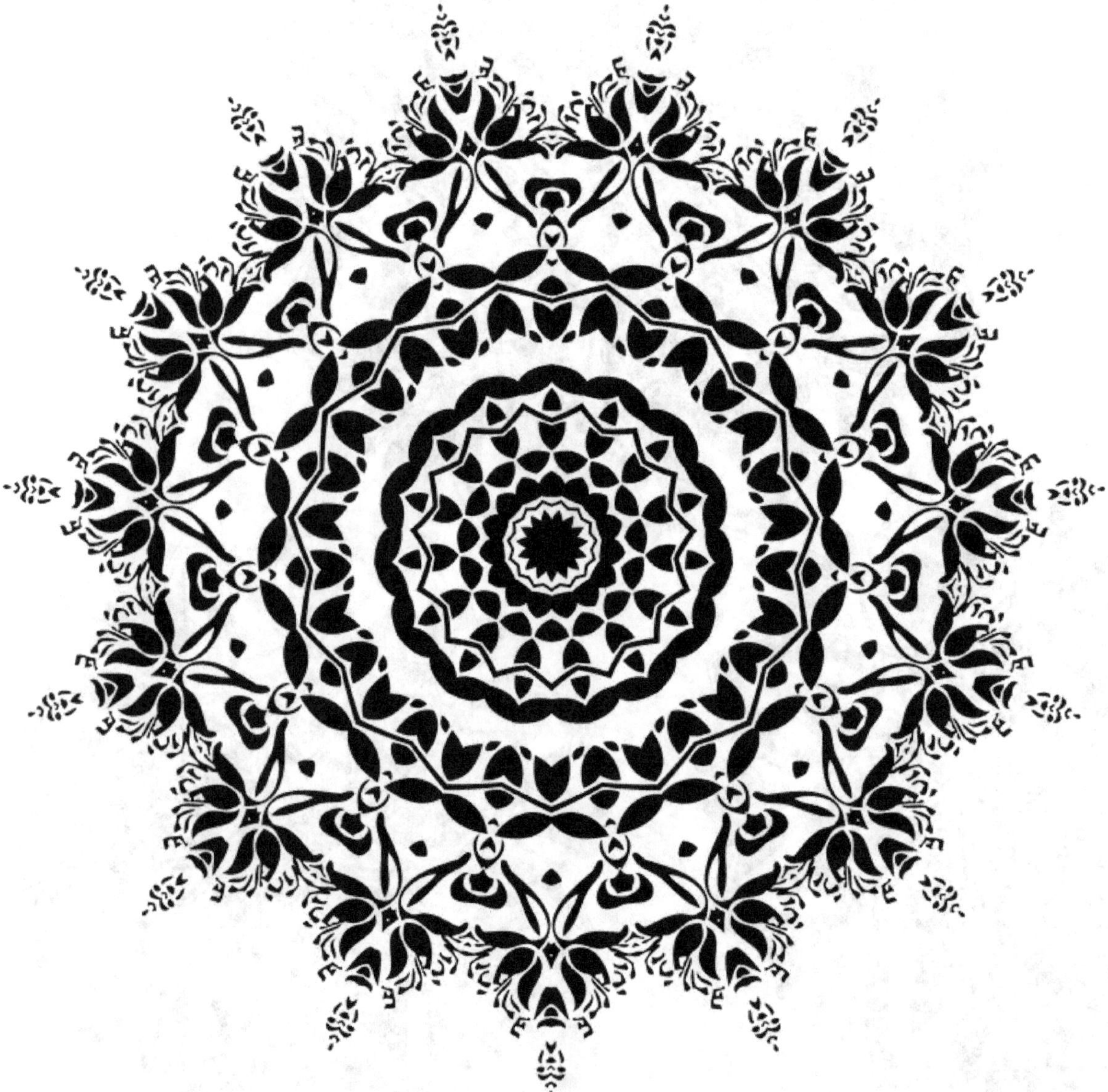

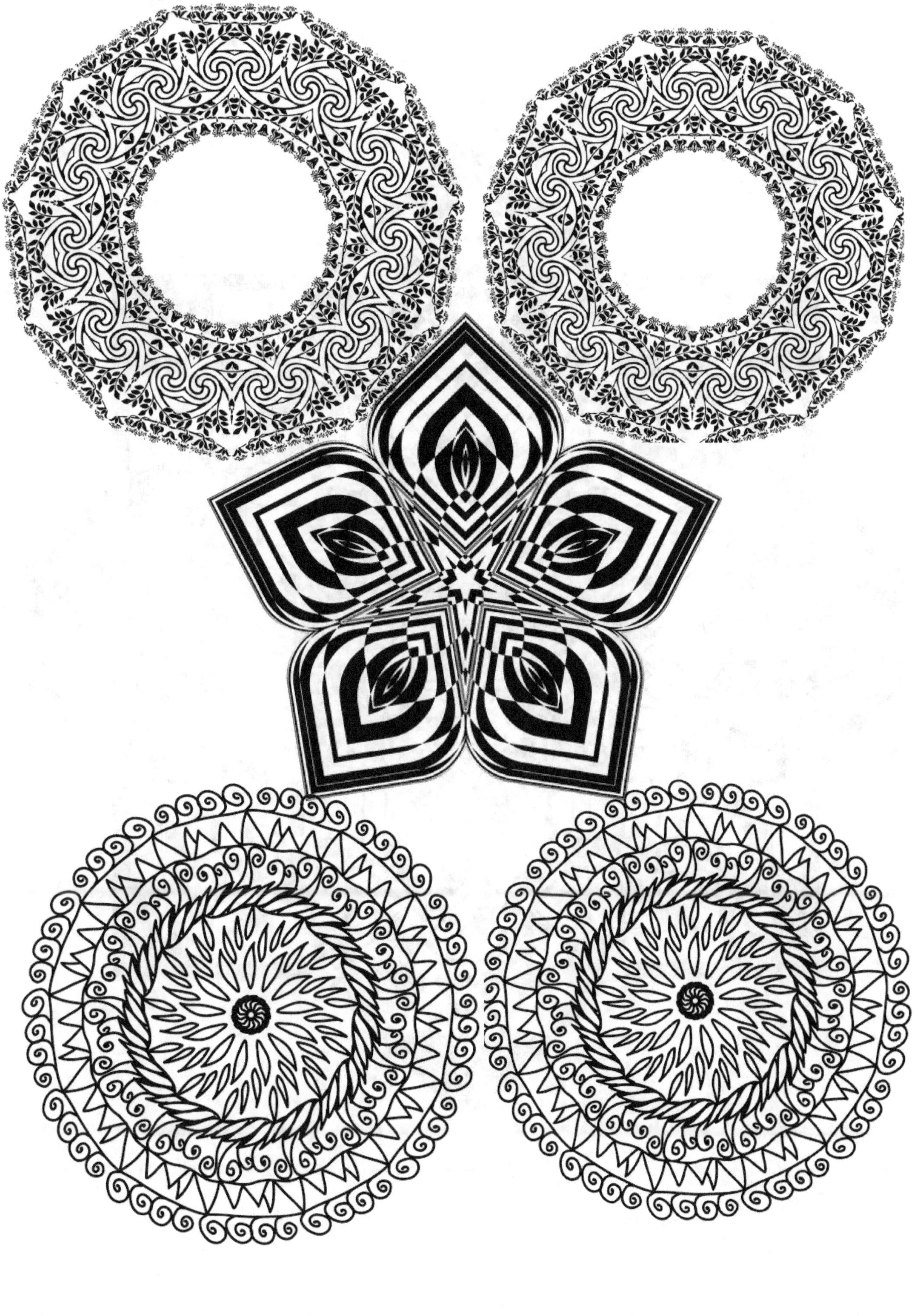

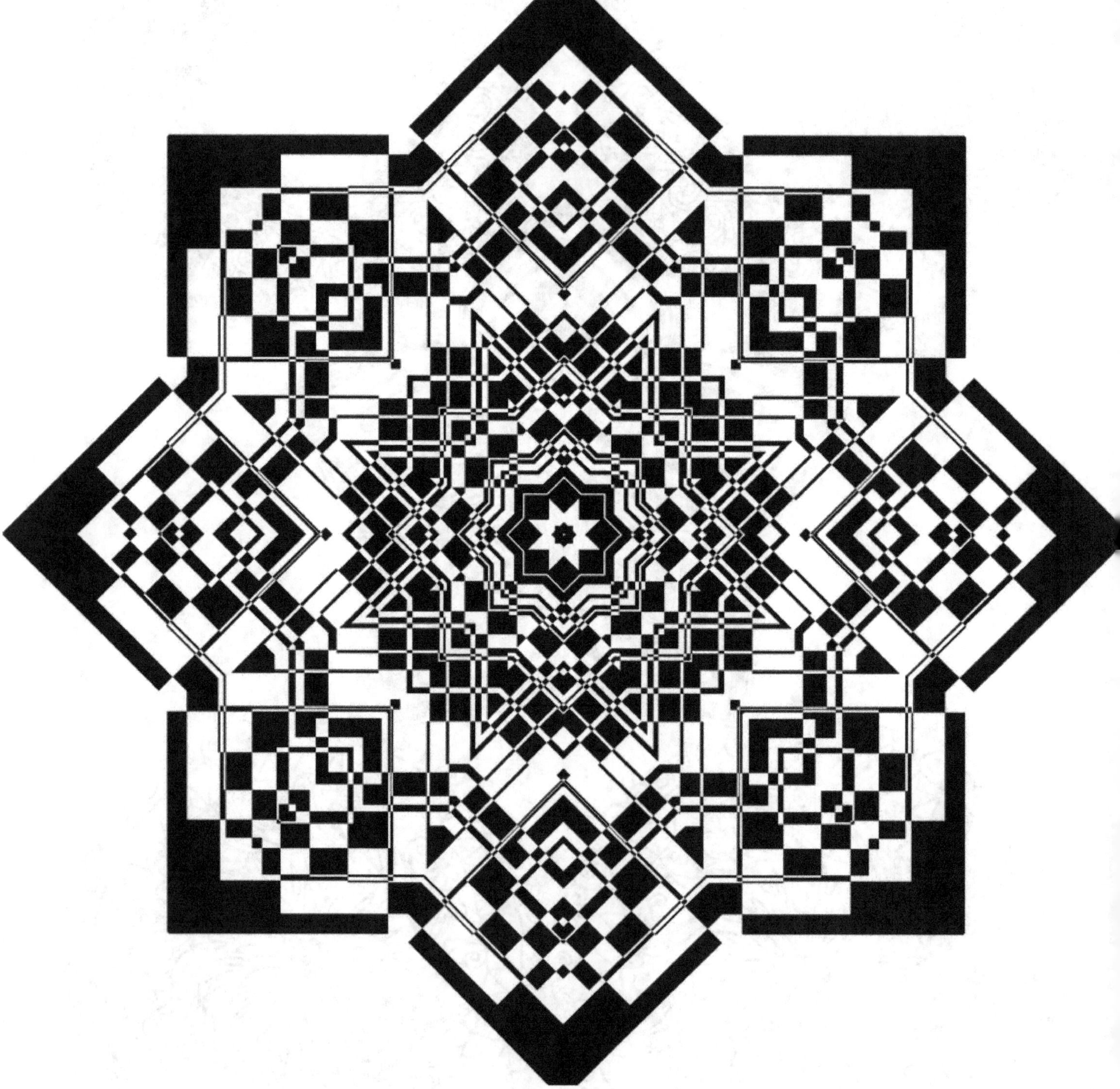

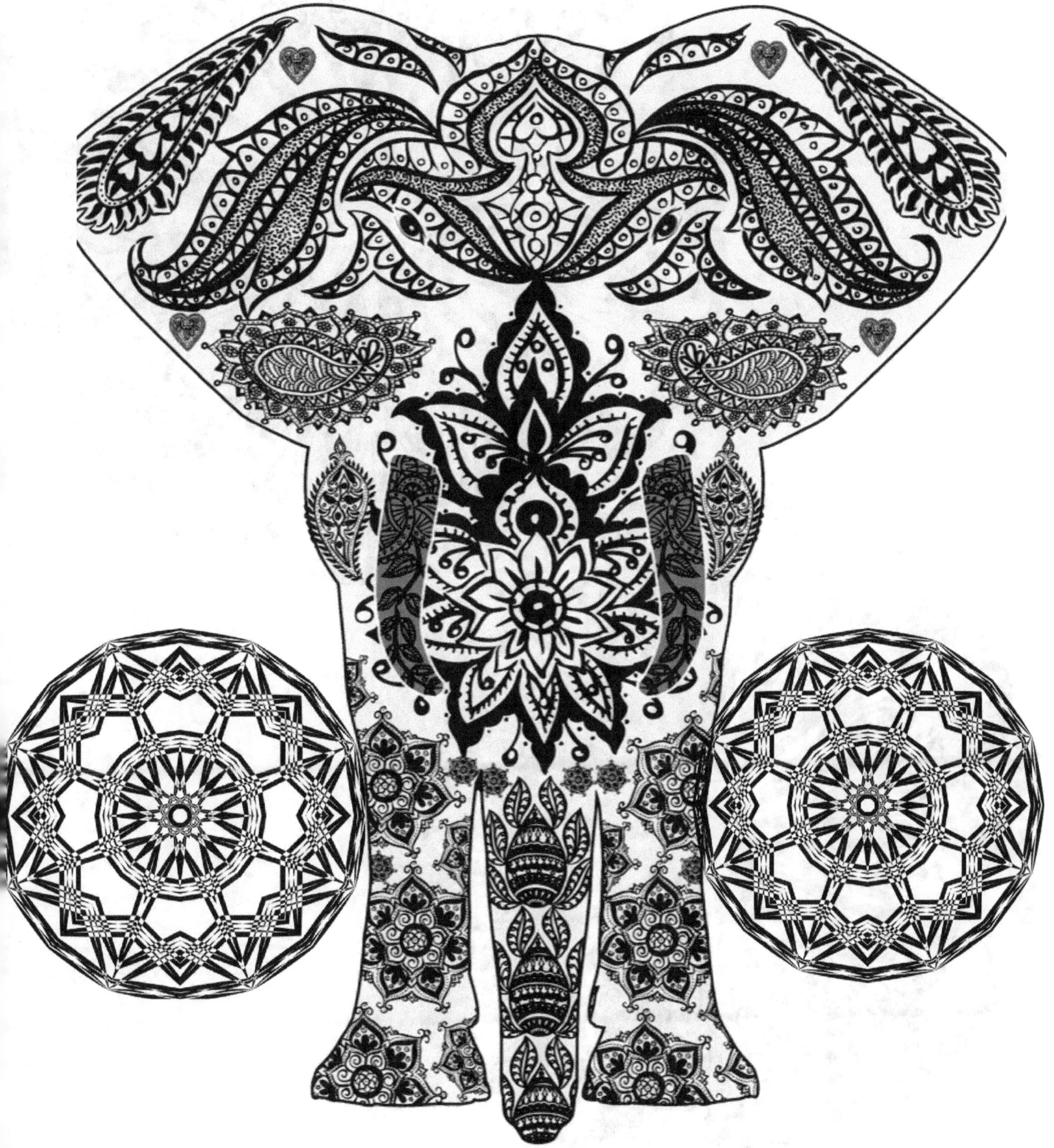

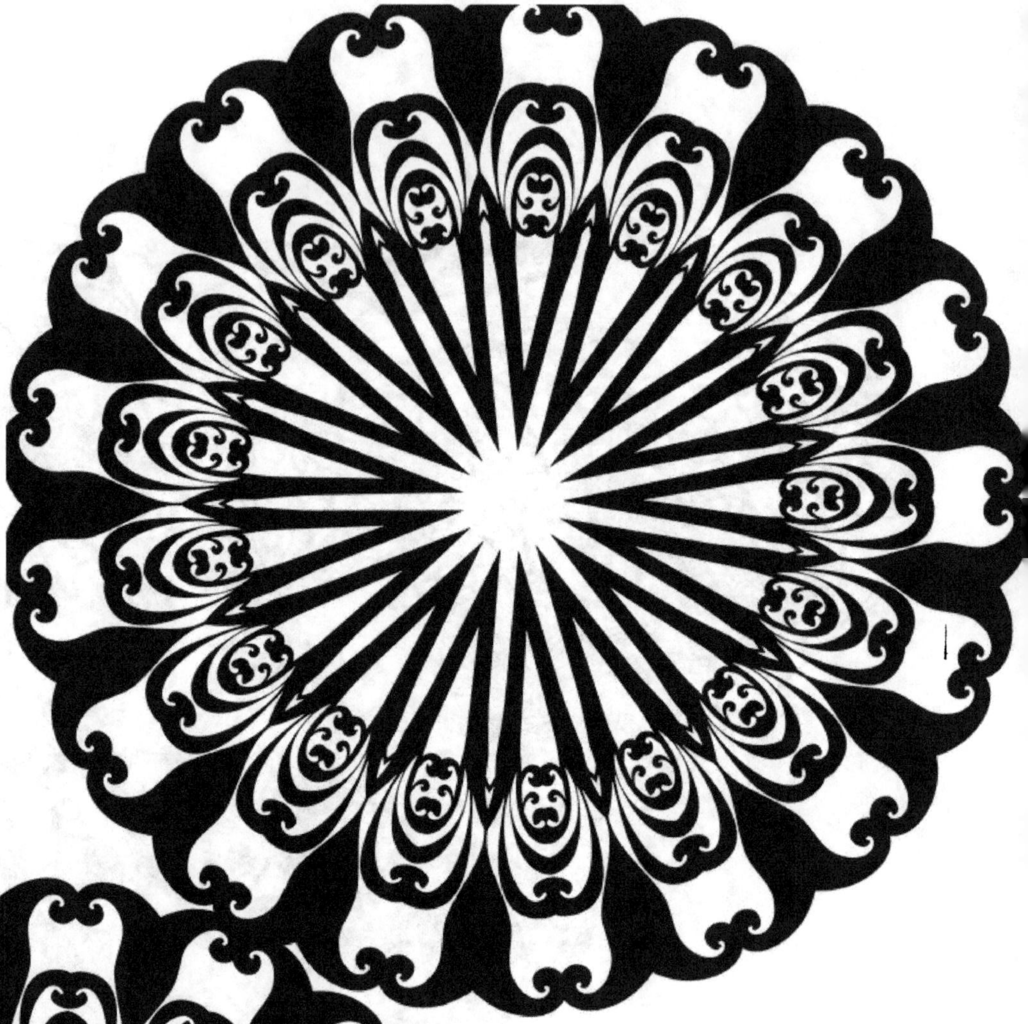
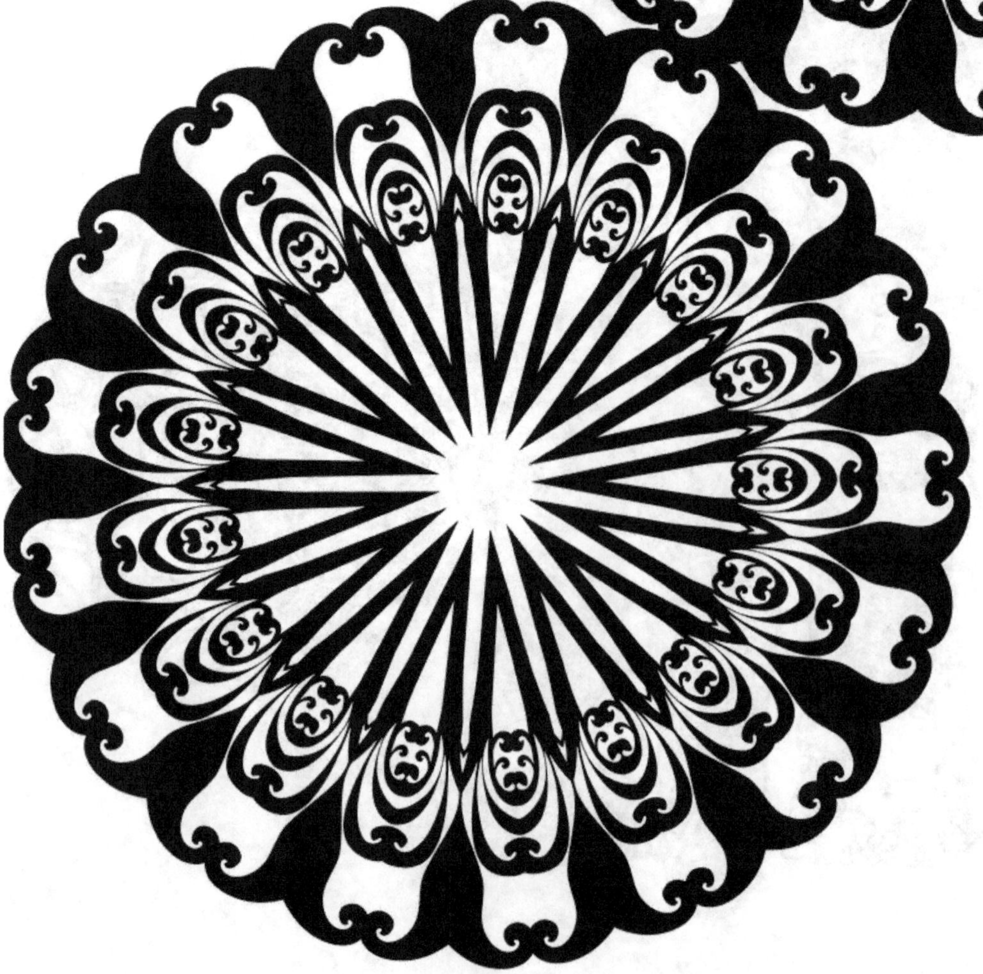

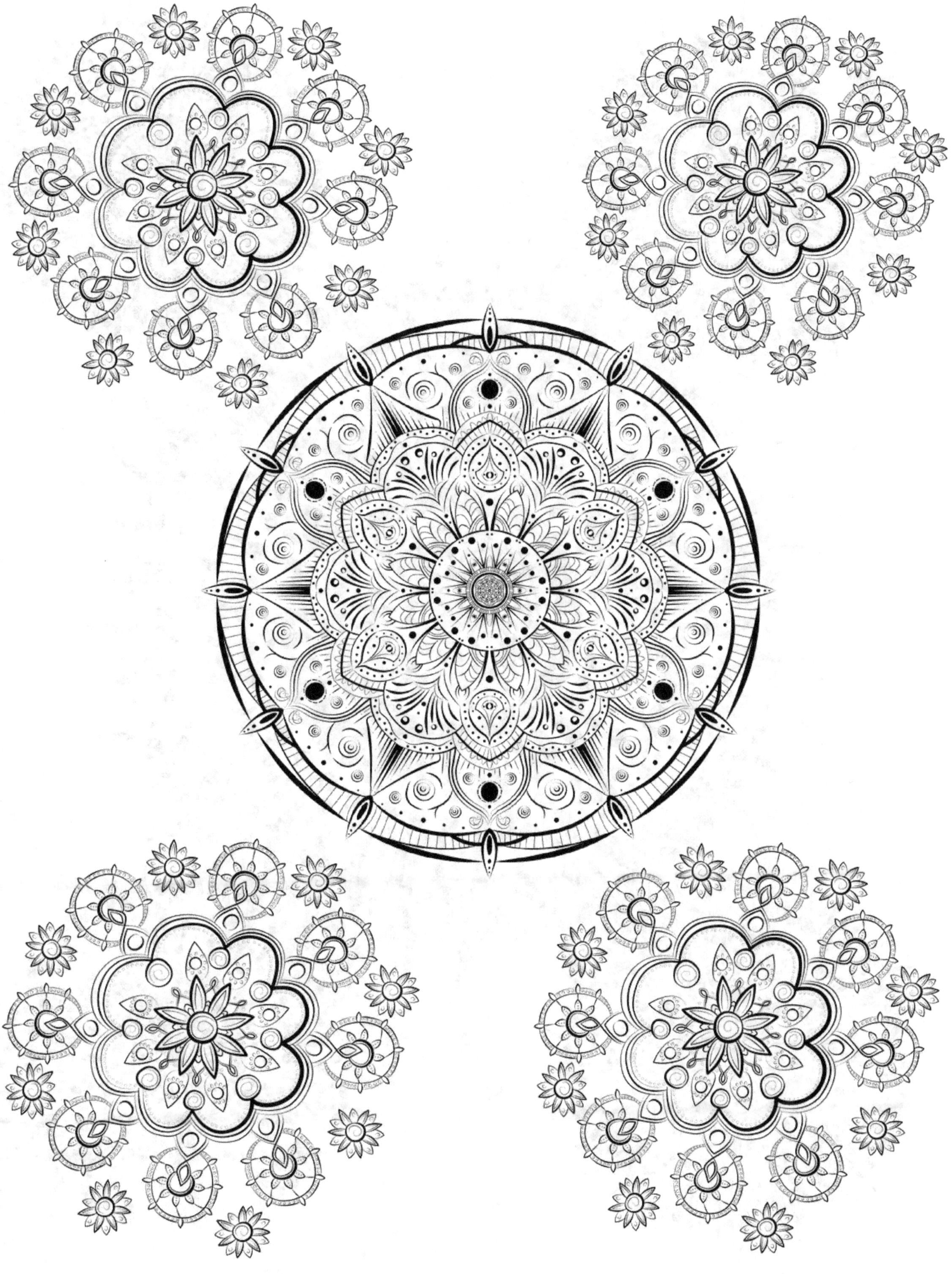

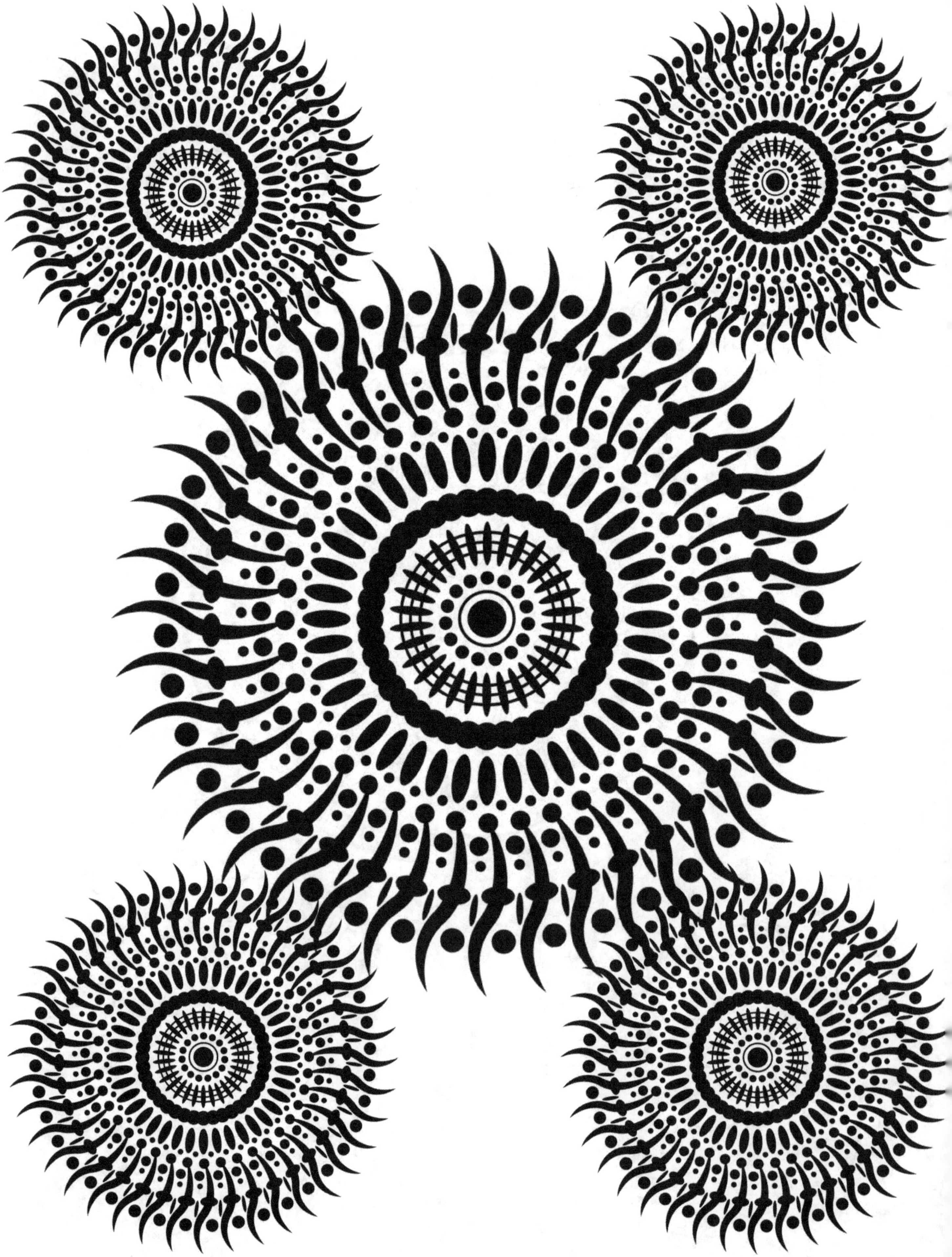

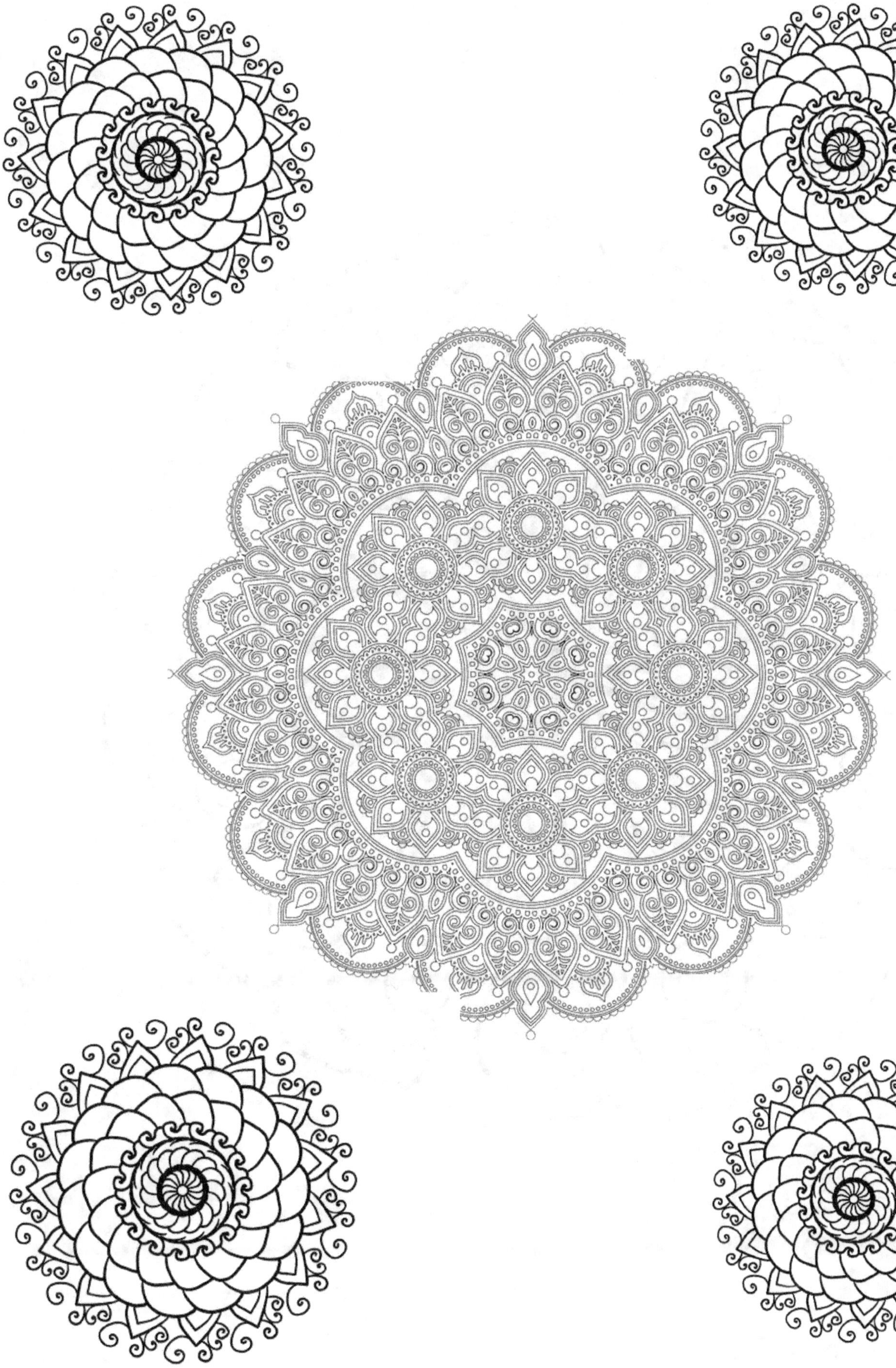

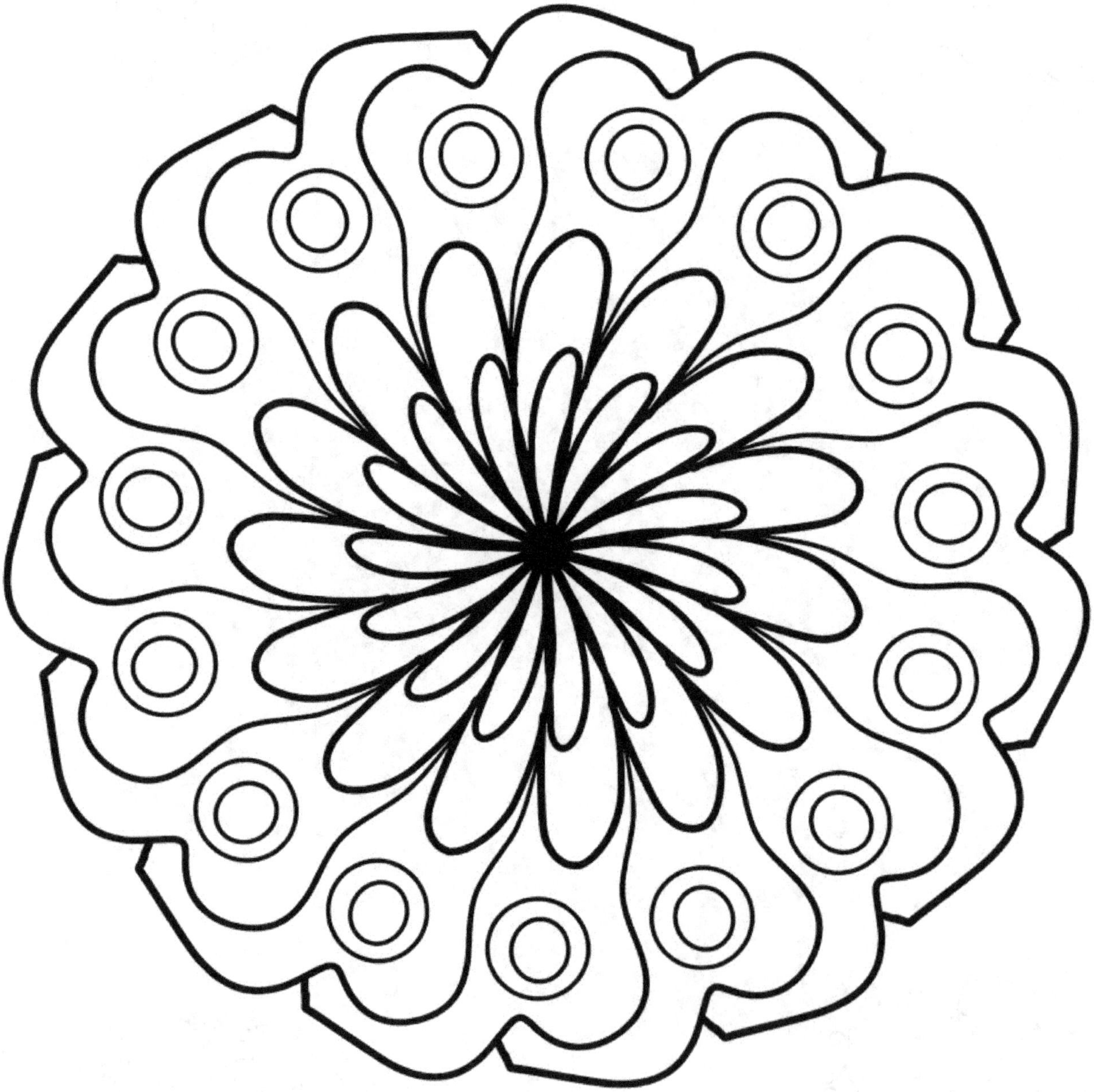

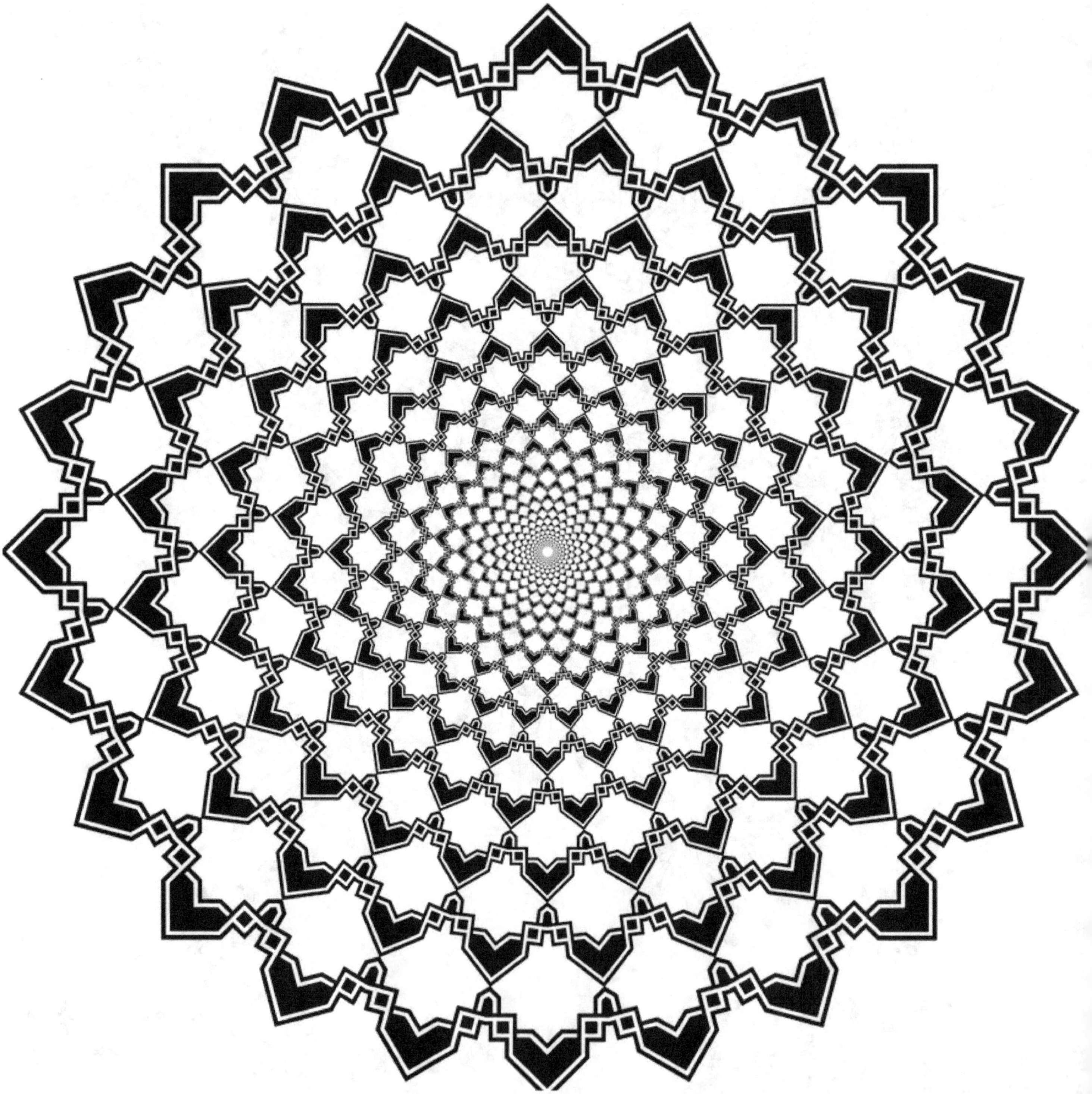

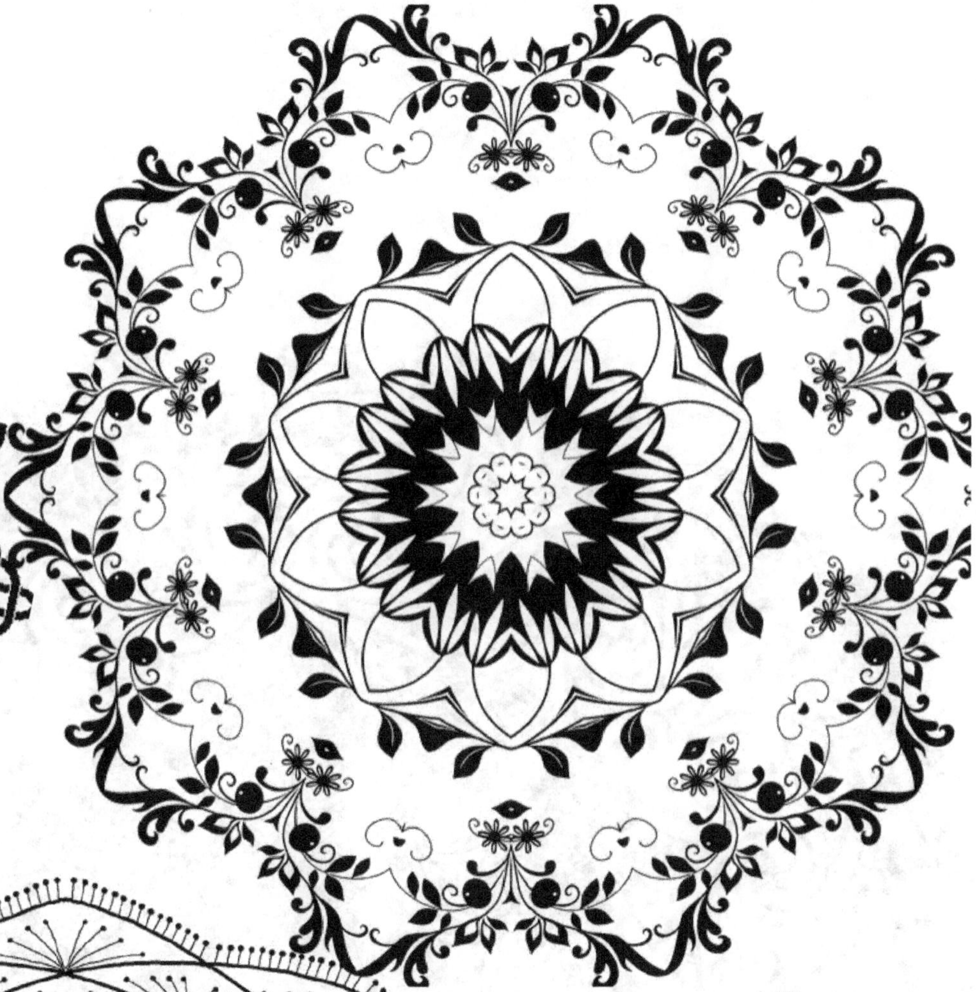
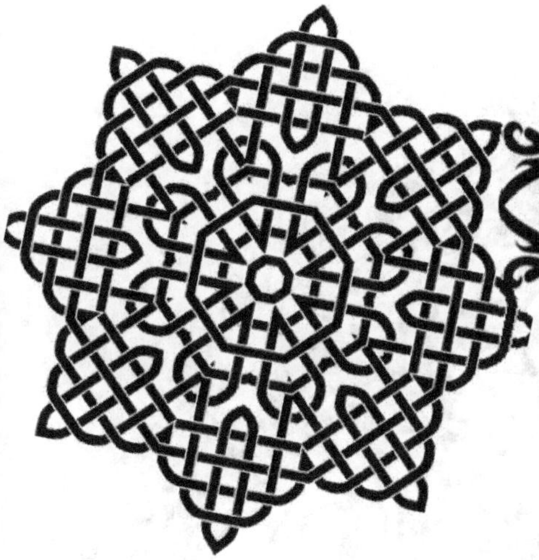
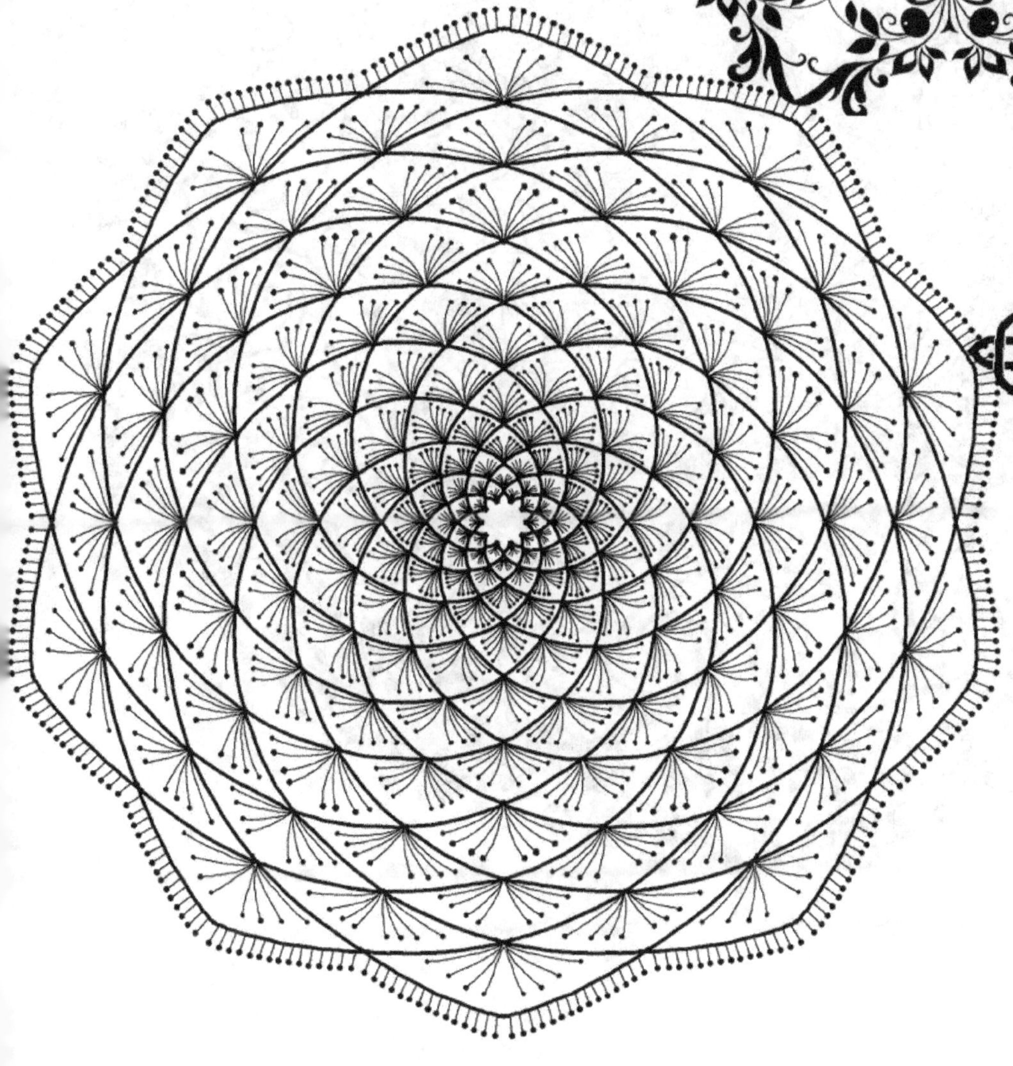
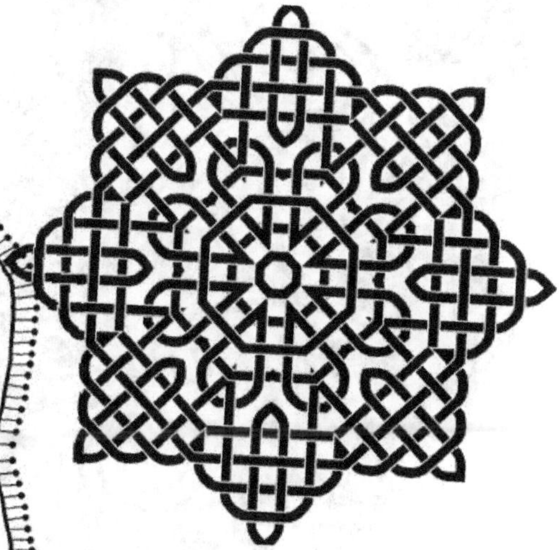

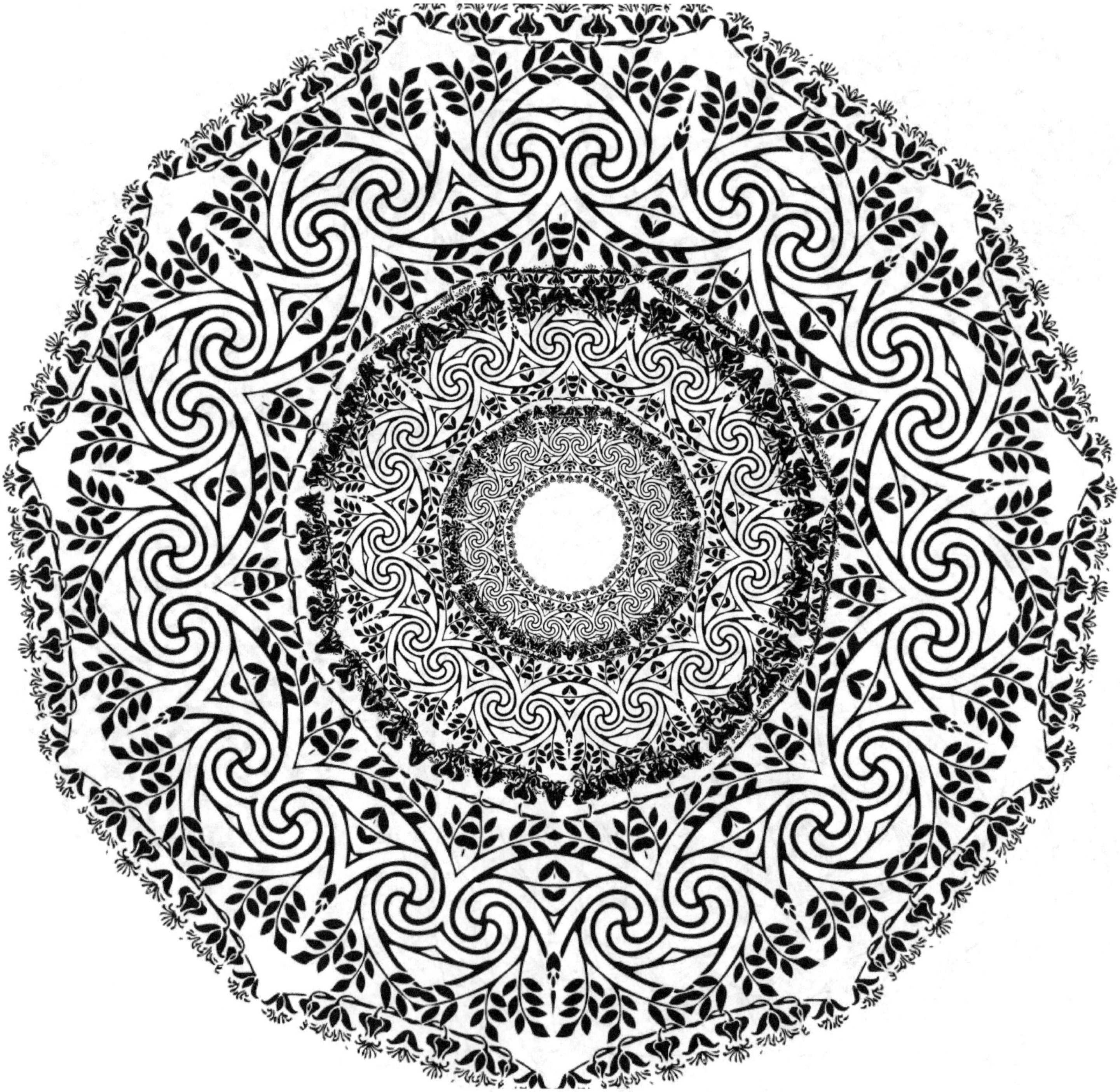

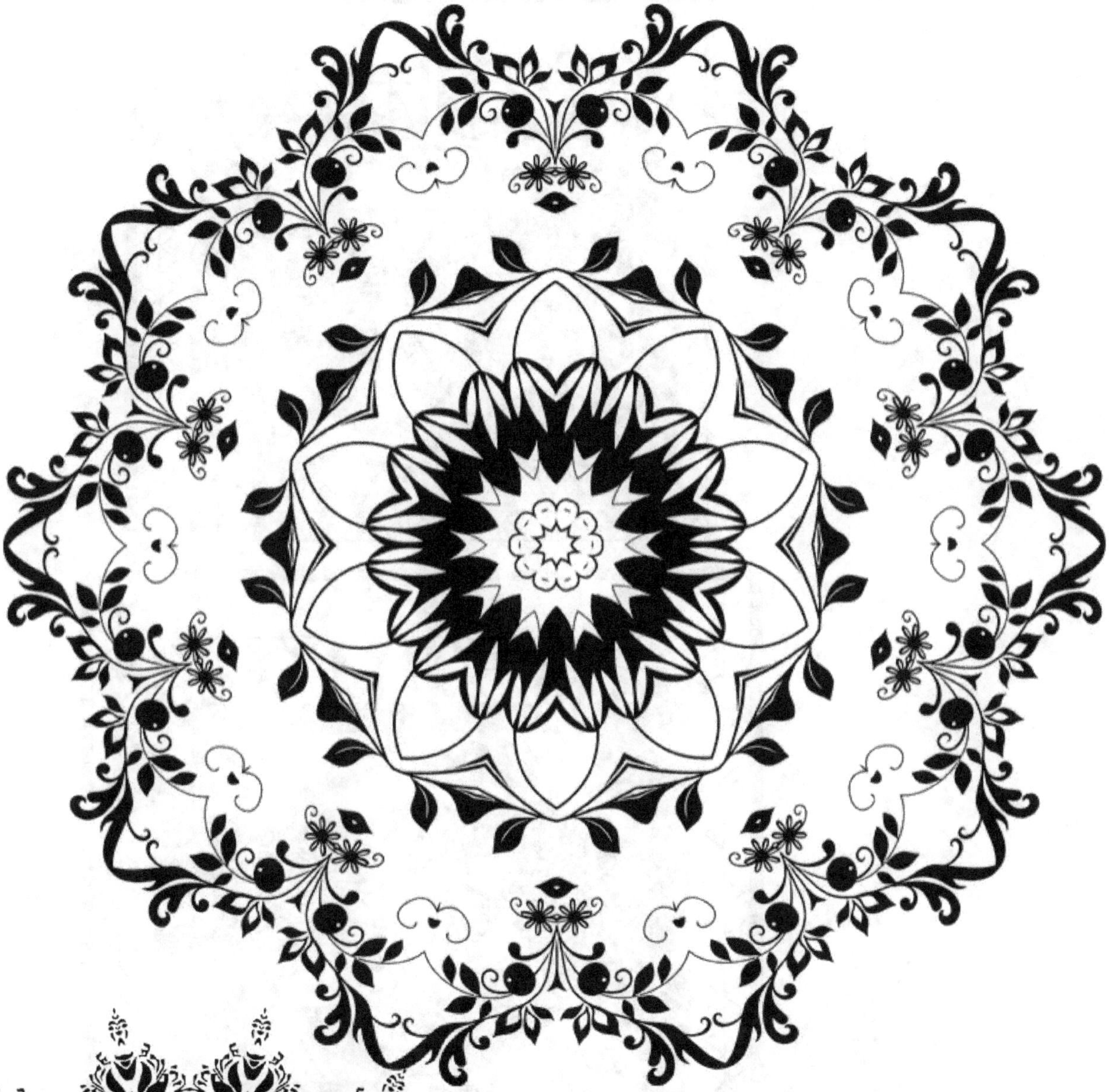
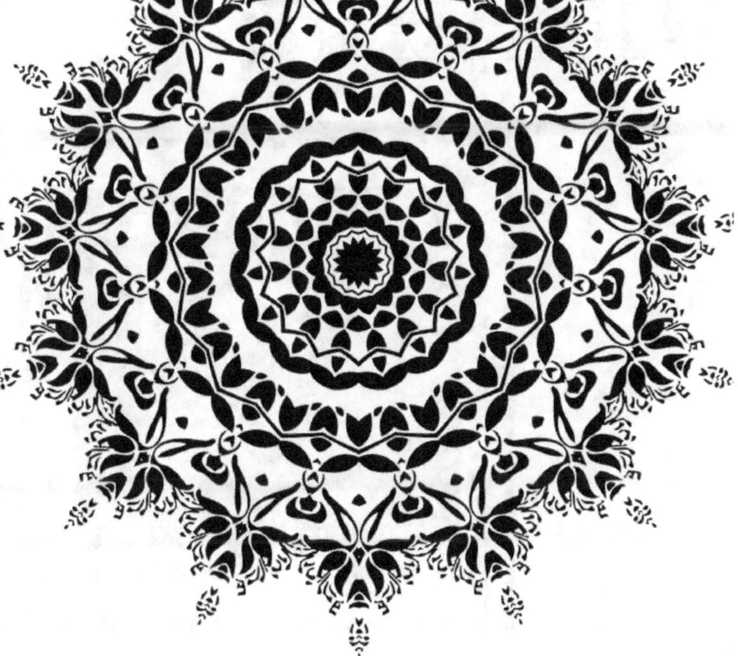
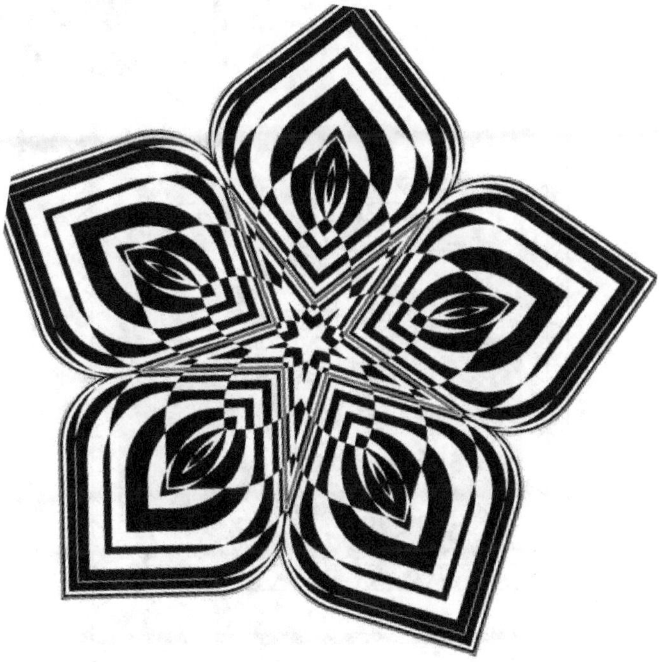

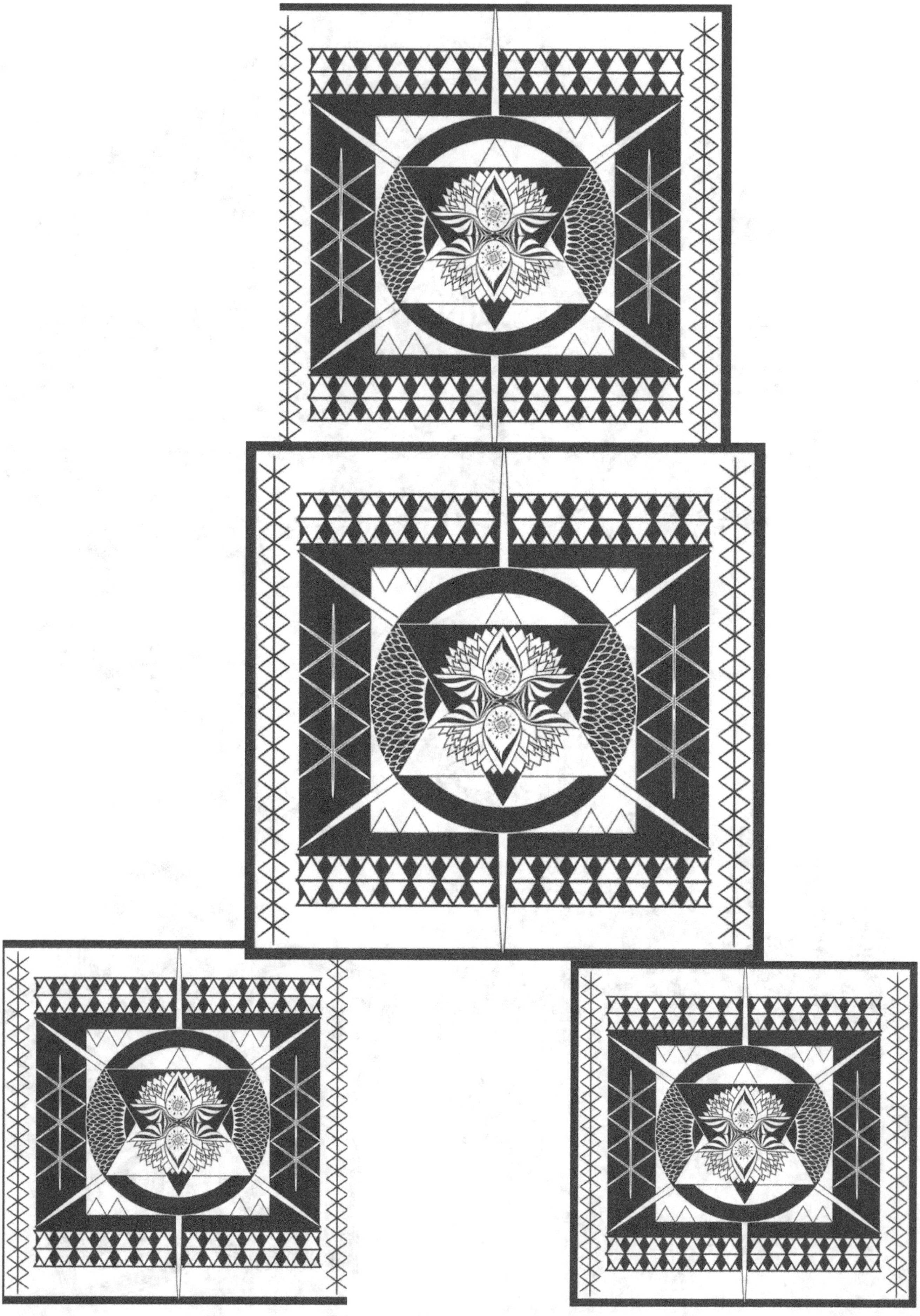

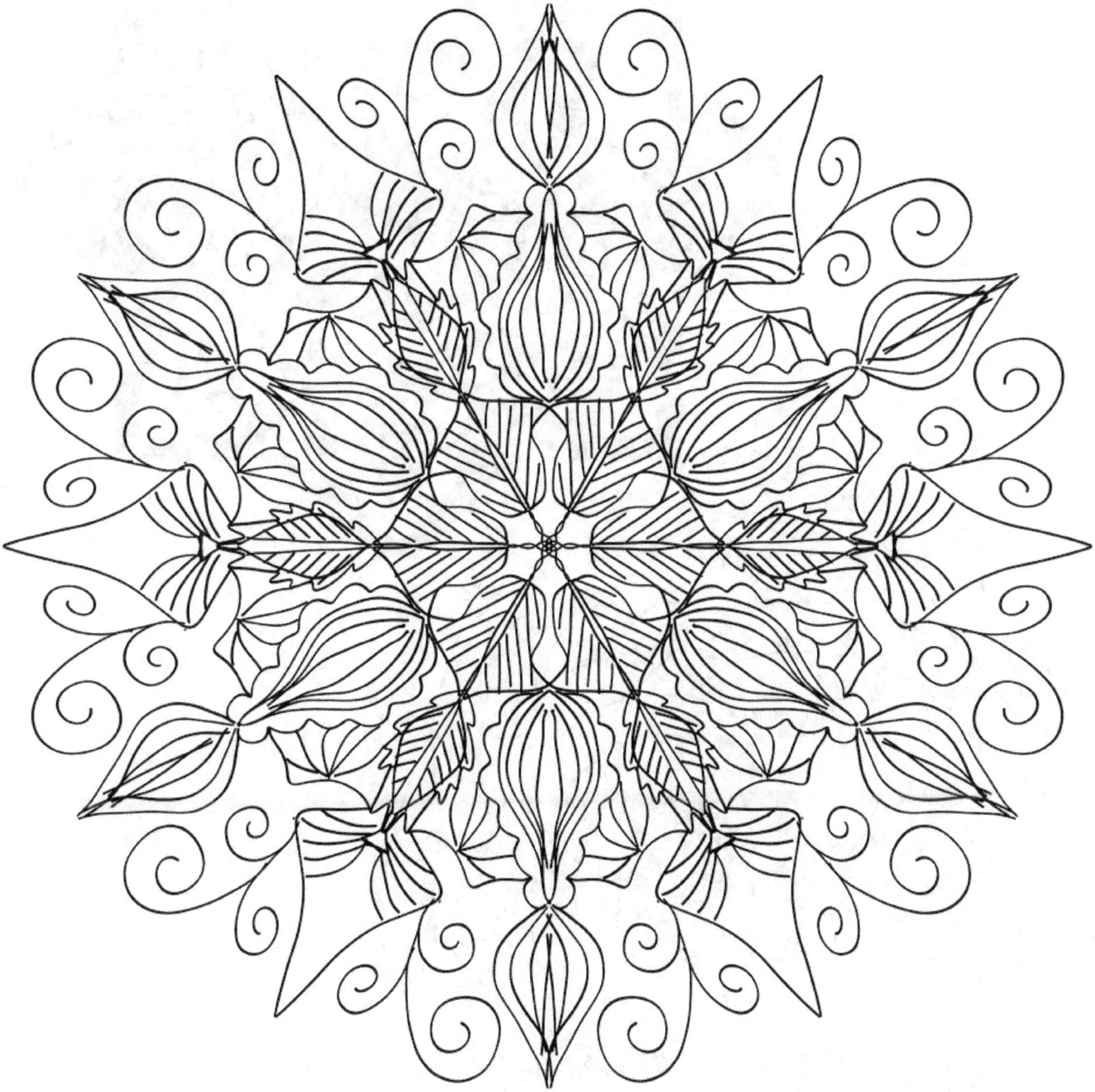

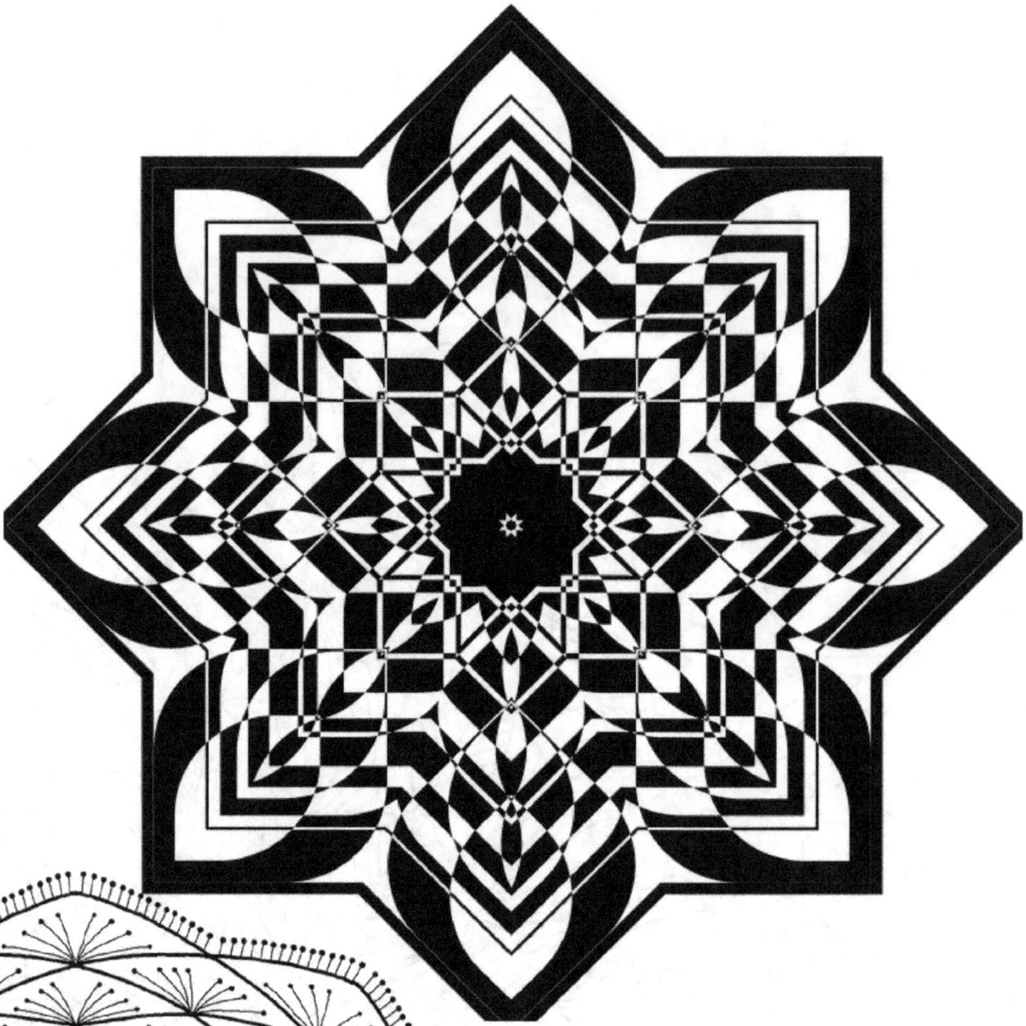
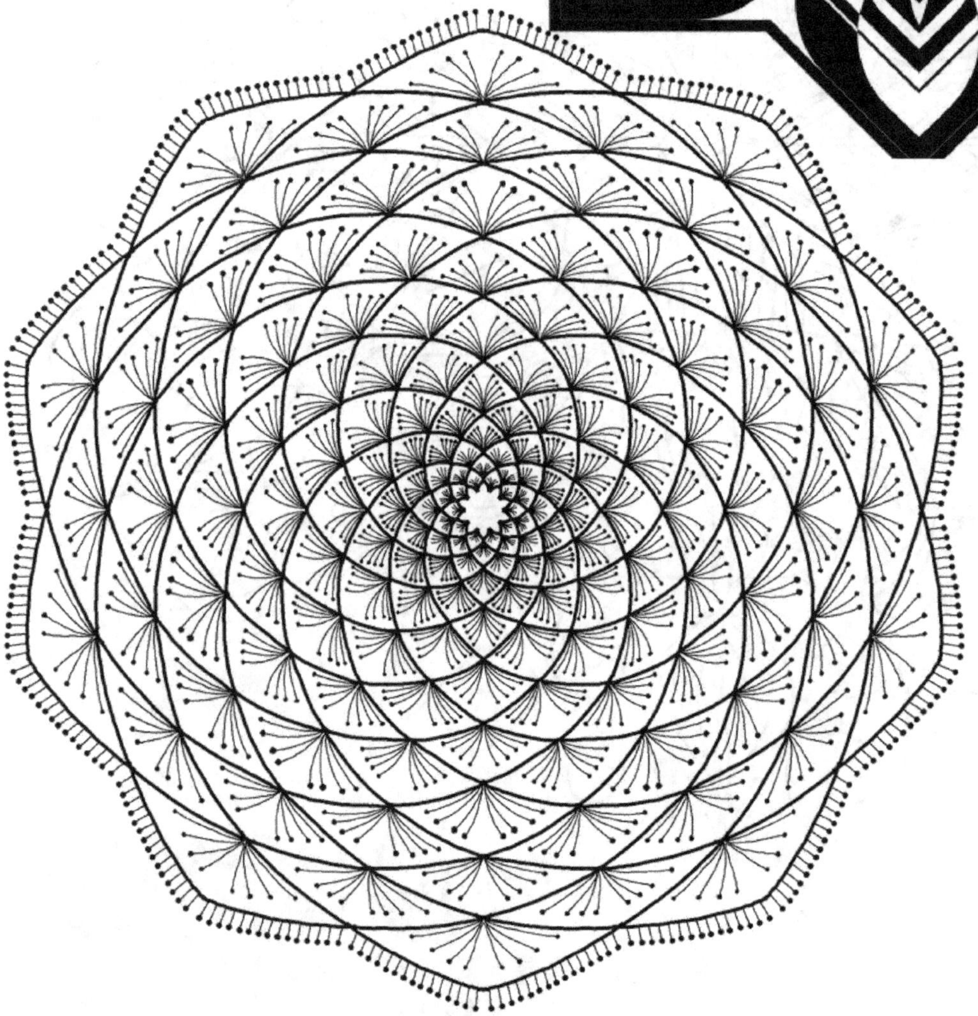

www.ingramcontent.com/pod-product-compliance
Lightning Source LLC
Chambersburg PA
CBHW080816220526
45466CB00011BB/3579
*9781678446215*